日本語のように
話せる

キレッキレ英語

iU（情報経営イノベーション専門職大学）客員教授　横山カズ

Kaz
Yokoyama

the japan times 出版

　突然ですが、この本を手に取ってくださった皆さんは、どのような目的を持って英語学習に取り組んでいますか？　その答えはきっと「英語を自在に、そして流ちょうに話したい」ということではないかと思います。

　私には20代半ばの駆け出しの通訳者だった頃から徹底して行っている習慣があります。それが何を隠そう「これを英語で何と言うか？」と自問し、身の回りの人の日本語に注意を向け、それに対応する英語表現に出会ったらコレクションする、というものです。

　当時からすでに世の中では「英語を話すときは英語で考えろ」といった言説が存在感を持っており、「日本語をベースに英語を学ぶ」というアプローチは肩身が狭い印象がありました。

　しかし私はほとんど直感的に「この日本語を英語で言えたらいいのに」という感情や欲求に従い、「自分が無意識に発している日本語」「英語に直訳が不可能な"ふわっとした"日本語表現」をナチュラルな英語で再現することに楽しさと効果を感じていました。

　この方法論は私自身が英語を日本で独学し、同時通訳を生業にするに至った方法であり、また私の生徒さんたちが望んだ英語の流ちょうさ、瞬発力、そして運用力を獲得するための「決め手」となってきました。要するに、「実際に役立った」のです。

　ここで重要なのは、
▶ 無意識に口に出し
▶ 使用頻度が高く
▶ 直訳が不可能な

日本語表現を最優先して英語化していくことです。これで「まるで日本語を話すように」英語を話すことが可能となります。

　実際のところ、英文を読み込み、英語の資格試験を取得、またはハイスコアを叩き出している人であっても「言いたいことが瞬時に言えない」という悩みは尽きず、私もよく相談を受けます。そしてそれはある意味、当たり前なのです。

　文法の理解やインプットそれ自体は不可欠である一方、やみくもに大量の英文を黙読してインプットを増やしても、自在に話せるようにはなりません。

　音読などで発話の練習をする英語が「自分が話しているパターン」ではなく、また「日本語と英語の発想の壁を越えて」いなければ、発話は流ちょうにならないのです。そんなときにいつも紹介してきたのが本書の方法論でした。

「リアリティ」がすべて

　本書では、私自身がコレクションし実際に役立った表現、これまでに私のセミナー、社内公用語化を進める超大手企業をはじめとする法人研修、各大学での講演などでの質問に答える形で紹介した英語表現を厳選してあります。

　つまり、見出し語と英語表現のすべてが「リアリティ」に裏打ちされているのです。紙面の端々に、これまで出会った英語学習者の方々、同時通訳者としての経験、そして通訳者を中心とした仲間たちの心の中からわき出てきたものが詰まっています。

　そのような表現の数々を自在に、スピーディーに運用するイメージから、本書のタイトルが生まれました。

　本書のようなアプローチに対して、「この方法では"英語を英語

で考える"ことはできないのでは？」と心配される方がいるかもしれません。

大丈夫です。

「日本語を話すような感覚で英語を話す」ことに慣れてくると、自然に日本語を介在させずに英語だけで物事を感じ考え、話すこともできるようになっていきます。また、その段階に達すると、必要なときだけ英語と日本語の間を自在に行き来し、言いたいことがさらに言いやすくなります。

SNS（social media）などのおかげで、誰もが自由に英語に関わる情報、文化、さまざまな思考と価値観に触れては吸収できるようになりました。目的に応じて、あなたの英語は勝手に上達と発展を続けることになります。そこを目指しましょう。

現代では AI がすでに本格的に運用されており、英語学習の世界でも大活躍しています。ですが、人間同士・組織間の同時通訳やビジネス・政治の世界では、生きた人間にしか演じられないリアルな対立や複雑な関係性が依然として存在しています。そうした世界では、人間同士のコミュニケーションはやはり不可欠なのです。

日本語と英語の両方の世界から流れ込む言葉と情報を「自分だけの世界」に取り込み、あなた自身のゆるぎないアイデンティティーに変えていきましょう。

横山カズ

目次

Chapter 1
「キレッキレ英語」の7つの柱　11

Chapter 2
「キレッキレ」な英語表現　23

Column | スピーキング力アップための Tips

カバー・本文デザイン：大場君人
DTP 組版：奥田直子
英文校閲：Ed Jacob
目次作成協力：大塚智美

ナレーション：Karen Haedrich ／ Howard Colefield ／田中舞依
録音・編集：ELEC 録音スタジオ
音声収録時間：約 2 時間

✎ 本書の構成

　本書では、「よく使う日本語なのに、英語でどう言ったらいいか
わからない」表現ばかりを集めました。Chapter 1 で「英語的な発想」
をする上で重要なポイント 7 つを紹介し、Chapter 2 では具体的な
約 500 表現を、10 のテーマに分けて掲載しています。

---

❶　❷

⑥ □□□ 炎上する：**blow up**

**My social media feed blew up with people all over
the country spewing angry and hateful messages.**

❸　私の SNS のフィードが炎上して、全国の人たちから怒りと憎悪のメッセージ
が届いた。

❹　💡 発想のポイント
「(SNS などで) 炎上する」は blow up (爆発する) と表現できます。spew は「〜
を吐く、まき散らす」という意味。

❺　♫ 15 秒音声トレ！
My social media feed blew up with people all over the country
spewing angry and hateful messages.

---

1. 見出し語

　普段私たちが使っている日本語から、英語にしにくい語句、スラ
ングや慣用表現、伝統的な表現を中心に選びました。

2. 英語表現

　見出し語の日本語に対応する英語表現です。日本語の本質的な意
味を表すための英語表現ですので、それぞれの品詞は一致しない場
合があります。

英語表現を使った例文とその訳です。文中の見出し語相当語は太字になっています。

見出し語の日本語と英語がなぜ対応するのか、英語的な発想の視点から解説しています。

例文を声に出して言う場合に気をつけたい点を表しています。発音練習については 9 ページをご覧ください。

音声のトラック番号は、見出し語の番号と同じです。付属音声には見出し語の日本語、英語表現、例文（英語）が収録されています。音声はアプリまたは PC でダウンロードすることができます。ご利用方法は 10 ページをご覧ください。

✐ 効果的な使い方

1. 気になる表現をさがそう

　Chapter 2 ではさまざまな英語表現を掲載していますが、頭から一つずつ読み進める必要はありません。ページをめくりながら、興味のある表現から見ていきましょう。「これを英語で何と言うのかな？」という好奇心からスタートし、「こう言うのか！」という小さな感動が生まれた表現こそ、瞬時に記憶に定着するのです。

・見出し語で気になる日本語を見つける→英語表現をチェック
・索引を眺める→気になる日本語をチェック→英語表現をチェック
・日常生活の中で言いたい表現に出会う→索引をチェック→英語表現をチェック

2. 発音練習をしよう

　各ユニットには「15秒音声トレ！」というコーナーがあります。表現を使いこなせるようになるためには、実際に音読してみないと始まりません。次のように、発話する際に注意すべき点を示しています。

例 | I like saying, "it is what it is" to keep my mind calm.
・色文字は「音が消えがち（言う寸前に飲み込むイメージ）」になる部分です。
・下線部は「音がつながることが多い」部分です。

　付属のネイティブの読み上げ音声を参考にしながら、音の変化に気をつけて練習しましょう。発音練習は、リスニング力の向上にも役立ちます。

音声のご利用案内

本書の音声は、スマートフォン（アプリ）やパソコンを通じて MP3 形式でダウンロードし、ご利用いただくことができます。

スマートフォン

1. ジャパンタイムズ出版の音声アプリ「OTO Navi」をインストール

2. OTO Navi で本書を検索
3. OTO Navi で音声をダウンロードし、再生

3秒早送り・早戻し、繰り返し再生などの便利機能つき。学習にお役立てください。

パソコン

1. ブラウザからジャパンタイムズ出版のサイト
   「BOOK CLUB」にアクセス
   https://bookclub.japantimes.co.jp/book/b629799.html
2. 「ダウンロード」ボタンをクリック
3. 音声をダウンロードし、iTunes などに取り込んで再生

※音声は zip ファイルを展開（解凍）してご利用ください。

Chapter

1

「キレッキレ英語」
の
7つの柱

具体的な表現を見ていく前に、まずは、思いつきにくい「英語の発想」について学びましょう。英語にはどんな発想があるのか先にインストールし、発話の瞬発力につなげるのです。ポイントとなる7つの柱を挙げておきましょう。

 第 1 の柱

無 生 物 主 語 は 英 語 感 覚 の 基 本

　皆さんは英語を話そうとするときに、最初に思いつく主語は何でしょうか？　おそらく I think... のように "I" で始めることが多いのではないでしょうか。

　しかし、ここで発想を変えましょう。日本語で「私、彼ら」のように人が主語になるときに、英語では人以外の「無生物主語」が使われることが非常に多く、自在に話すためには「主語を自由に取れる」ことが極めて重要です。無生物主語の英文は、日本語に直訳するととても不自然な文になるという特徴があり、英語的な発想が日本語と大きく違うことがよくわかります。本書にも無生物主語の表現をたくさん取り上げていますが、それは英語らしい表現をしようと思ったら、欠かせないものだからです。

表現例を見てみましょう。

私、飽きっぽいんです。

Nothing keeps me entertained. (→ P. 79 参照)

- -

そう言ってくれて元気が出たよ。

Your words lifted me up. (→ P. 61 参照)

- -

アプリのマップには真っすぐに行けとある。

The map on the app says we should go straight.

(→ P. 83 参照)

- -

お酒が飲めない体質なんです。

Alcohol doesn't agree with me. (→ P. 108 参照)

- -

どうしてこちらに来たのですか？

What brought you here? (→ P. 117 参照)

 第 2 の柱

It 主語はネイティブの 「気持ち」の現れ

It も無生物主語の一つではありますが、ここでは個別に説明しましょう。

リラックスしているとき、本音を話すとき、夢中で話すときほど、日本語では「主語がなくなる」傾向があります。日本語を英語化しにくく感じる要因の一つです。一方、英語では「主語に It が使われる」頻度がどんどん高くなります。It はネイティブスピーカーが思わず口走ったり、身近で気を許している仲間に対してカジュアルに話すときによく使うのです。

しかし「いきなり It を使えと言われても…」と困ってしまうかもしれませんね。心配はいりません！ 普段から映画や動画の字幕から、It が使われているセリフに注目してコレクションするよう心掛けましょう。

It を主語に取ることに慣れてくると、自然に中学校で習う基本的な動詞を使うことが多くなり、難しい単語をど忘れしても、楽に言い換えができるようになります。

表現例を見てみましょう。

必ずこうなっちゃうな。

It never fails. (→ P. 255 参照)

かわいそうだなぁ。

It breaks my heart. (→ P. 46 参照)

効果的だよ。

It makes a difference. (→ P. 86 参照)

世の中そんなに甘くないよね。

It's not that easy. (→ P. 253 参照)

簡単にはいかないな。

It never goes as planned.

 第 3 の柱

Things 主語で
「世の中」を表せる

Things も無生物主語の一つです。世間話をするとき、実は私たちは「特定の主語を決めることさえ面倒くさい」と無意識に感じています。よく言えばリラックスした、悪く言えばいいかげんな話し方ですね。

しかしながら、このような話し方のスタイルこそが、極めて自然でネイティブ的な「呼吸」をつかんだ話し方なのです。要するに、現実においては、「なんか、いろいろさぁ」「まぁ世の中って」「いろんなことがね」のような話し方が驚くほど多いのです。

ということは、英語でもこの話し方を身につければ、力みなく会話ができるようになるはずです。そこで注目したいのが、Things（世の中、物事、いろいろ）という単語。Things を主語にすれば、国際情勢も話しやすくなります。

表現例を見てみましょう。

世の中は悪い方に向かっている。

Things are about to get worse. (→ P. 83 参照)

物事は移り変わっていく。

Things come and go. (→ P. 132 参照)

さまざまなものが離れ離れだ。

Things are spread out. (→ P. 152 参照)

そちらはいろいろどう？

How are **things** over there for you?

ウクライナ情勢は大変なことになっている。

Things in Ukraine are looking really bad.

　なお、Things ではなく、The thing を主語にすると話しにくい事柄を切り出しやすくなります。さらに、話を上手にまとめるのにも適しています。234 ページで取り上げていますので、そちらも見てみてください。

第 4 の柱

oneself 系表現は
口に出して身につける

　日本語的な発想では、「自分自身・自体を〜する」という表現はなかなか思いつきにくいものです。しかし、英語を学んでいると、oneself を使った表現が意外と多いことに気づくでしょう。ただ表現を知っているのではなく、実際に口に出せるようにするためには、たくさんの例文に触れて、自分でも言ってみることが大切です。

　表現例を見てみましょう。

彼はいろいろ手を広げすぎている（器用貧乏だ）。

He spread **himself** too thin. (→ P. 144 参照)

- -

無理するな。

Pace **yourself**. (→ P. 273 参照)

- -

英語を流ちょうに話すために独学しました。

I've taught **myself** to speak English fluently.

(→ P. 99 参照)

第 5 の 柱

Let 系 表 現 は 単 語 の
入 れ 替 え を 意 識

　let は、make, get, have と同じ「使役動詞」として覚えて
いる人が多いと思います。しかし、英語の習いたてに学ぶ
Let's go. 以外の表現を挙げようとしても、すぐに浮かばない
ことがあります。日本語的な発想や直訳では思いつきにくいか
らでしょう。ですが、us と go の位置にほかの単語を入れ替
えて let を使いこなせるようになれば、表現の幅は確実に広が
ります。

　表現例を見てみましょう。

大目に見ようよ。

Let it slide. (→ P. 48 参照)

彼の好きなことをさせてあげる。

Let him enjoy what he likes. (→ P. 27 参照)

投資で利益を出そう。

Let my money work for me. (→ P. 52 参照)

第 6 の 柱

関係詞 what は「モノ・コト」を表す便利な表現

　関係詞 what は先述の It と同じく、リラックスしているとき、本音を言うとき、そして夢中で話すときほどよく登場します。「私が〜するモノ・コト」「君が言っていたコト（内容）」のように「モノ・コト」を意味し、具体的な主語を使わずに会話ができるようになり、カジュアルな本音のトークにもスピーディーに対応ができるようになります。

　表現例を見てみましょう。

イヤなものはイヤ、生理的にダメ。

I hate what I hate. (→ P. 208 参照)

- -

そういう問題じゃない。

That's not what I'm saying. (→ P. 212 参照)

- -

試験のヤマを張るのはやめとけよ。

Stop guessing what will be on the exam.

(→ P. 43 参照)

第 7 の 柱

基本語をおろそかにしない

最後に、忘れてはならないことをお伝えしましょう。それは、中学校で習うような基本語をおろそかにしない、ということです。

本書で取り上げた表現には、いわゆる「難語」は含まれておらず、平易な単語ばかりを使っています。ですが、きっと「この単語にはこんな意味・ニュアンスがあったんだ」という気づきもたくさんあることでしょう。基本語ほど複数の意味を持っていますので、発話力を上げようとするなら、英単語と日本語訳を1対1で対応させるような覚え方では追いつきません。基本語こそ、そのコアにある意味を理解するのが大切です。

表現例を見てみましょう。

いい気味だ。

Serves you right. (→ P. 261 参照)

いずれひどい目にあうぞ。

Eventually you'll pay the price. (→ P. 103 参照)

解決すべき課題は多い。

There are so many issues that we need to work on. (→ P. 227 参照)

　それでは、日本語と英語の発想の壁を越えた「キレッキレ」な表現の数々を見ていきましょう。

2

「キレッキレ」な英語表現

1

キレイゴト抜きのSNS表現

001 炎上する：blow up

My social media feed blew up with people all over the country spewing angry and hateful messages.

私のSNSのフィードが炎上して、全国の人たちから怒りと憎悪のメッセージが届いた。

💡 **発想のポイント**

「(SNSなどで)炎上する」は blow up (爆発する) と表現できます。spew は「〜を吐く、まき散らす」という意味。

🎵 **15秒音声トレ!**

My social media feed blew up with people all over the country spewing angry and hateful messages.

---

002 ジワる：grow on ~

You know what? That joke is growing on me.

あのね、例のジョーク、ジワってるんだけど。

💡 **発想のポイント**

grow on ~ は感動や好きな気持ちだけでなく、面白おかしいと思う感情が徐々に強まるときにも使用できます。

🎵 **15秒音声トレ!**

You know what? That joke is growing on me.

ジワジワ効いてくる：be getting to ~

The emotional damage **is getting to** me.
メンタルのダメージがジワジワ効いてきている。

💡 発想のポイント

主語には stress, fatigue, tiredness, sleepiness などがよく使われます。例文のように The emotional damage を主語にすると、「メンタルのダメージがジワジワ効いてきている」というニュアンスを表せます。

🎵 15秒音声トレ！
The emotional damage is getting to me.

ウザい①：obnoxious

Somebody told me once that being loud and **obnoxious** is a sign of insecurity.
やたら大声でウザい行動をするのは、自信のなさの表れだって誰かが言ってたな。

💡 発想のポイント

annoying よりもさらに嫌な人を指します。annoying は「（行動の結果）ウザい」、obnoxious は「（わざと・悪意を持って）嫌がらせをする」というニュアンスの違いがあります。

🎵 15秒音声トレ！
Somebody told me once that being loud and obnoxious is a sign of insecurity.

ウザい②：bug me

Everything he does and says **bugs me** so much.
あいつのやること成すことすべてがウザい。

💡 発想のポイント

英語的な**無生物主語**の発想です。直訳は「～が私をイラつかせる、ウザがらせる」で、「～がウザい」というニュアンスに。annoying や obnoxious などの形容詞だけでなく、動詞を使った発想も身につけましょう。

🎵 15秒音声トレ！
Everything he does and says bugs me so much.

□□□
005（能力・状態などが）**バグってる：out of control**

My appetite has been **out of control** lately, and I'm eating all day long.

なんか最近食欲がバグってる。食べても食べても食べ足りない。

💡 発想のポイント

「（〜が）制御不能だ」と解釈しましょう。out of control を使えば、「バグってる」のニュアンスにぴったりです。

🎵 15秒音声トレ！

My appetite has been out of control lately, and I'm eating all day long.

□□□
006# 黒歴史：skeleton in *one*'s closet

I'd say everyone has a **skeleton in their closet**.

自分に言わせれば、誰にでも黒歴史ってあると思う。

💡 発想のポイント

「黒歴史」は、「隠すべき恥ずかしい過去」と解釈して skeleton in *one*'s closet という定型表現を使うといいでしょう。また、hide を使い、He has a lot to hide.（あいつは叩けばホコリがたくさん出る➡奴は黒歴史だらけ）という表現も可能です。I'd say... は「私的には…だ」というニュアンスで、文頭にも文末にも使用できます。

🎵 15秒音声トレ！

I'd say everyone has a skeleton in their closet.

□□□
007# チート：not even fair

This team's skill level is so high that it's **not even fair**.

このチームのスキルのレベルが突き抜けすぎてて、もはやチートじゃん。

💡 発想のポイント

スラングの「チート」は、「ずるいほど強い」「圧倒的な力を持った無双状態」といった意味。英語では not even fair（公平でさえない）とすると、ニュアンスをうまく表すことができます。

🎵 15秒音声トレ！

This team's skill level is so high that it's not even fair.

キレッキレ、無双する① : devastating

I can't stop admiring this rookie. He's been **devastating** this season.

この新人選手は本当に素晴らしい。今シーズン、キレッキレだよ！

💡 発想のポイント

「衝撃的な、圧倒的な、破壊的な ➡ キレッキレ、無双する、破竹の勢い」ととらえます。

🎵 15秒音声トレ！

I can't stop admiring this rookie. He's been devastating this season.

キレッキレ、無双する② : unstoppable

She definitely deserves the award because her performance is **unstoppable** this year.

彼女の演技（パフォーマンス）はキレッキレだったし、今年はこの賞をもらわないといけないでしょう。

💡 発想のポイント

「止めようがないくらいすごい ➡ キレッキレ、無双する、破竹の勢い」ととらえます。「言動（話の内容など）がキレッキレ」にも使えます。

🎵 15秒音声トレ！

She definitely deserves the award because her
performance is unstoppable this year.

上から目線 : judgmental

Stop being **judgmental** and let him enjoy what he likes.

上から目線で見ないで、彼の好きなことをさせてあげればいいじゃないか。

💡 発想のポイント

「批判的な、一方的に判断する、手厳しい、（神様のような視点で）裁く」といった意味で、「上から目線」のニュアンスに迫れます。

🎵 15秒音声トレ！

Stop being judgmental and let him enjoy what he likes.

陰キャ／陽キャ：introvert/extrovert

She's an introvert who turns out to be an extrovert around people she likes.

あの子は自分の好きな人の周りでだけ陽キャ化する陰キャなんだね。

💡 **発想のポイント**

陰キャ（内向的・ネクラな人）は introvert、陽キャは extrovert（外向的・ネアカな人）で、日本語と同じニュアンスが表現できます。

🎵 **15秒音声トレ！**

She's an introvert who turns out to be an extrovert around people she likes.

低浮上の：inactive

I haven't seen Peter on social media for a long time. His account says he's been inactive for at least a month.

長いことピーターを SNS で見かけないな。彼のアカウントによると、少なくとも 1 カ月は低浮上みたいだ。

💡 **発想のポイント**

Twitter などで使う「低浮上」は、具体的に inactive（非活動的な、消極的な）と考えて英語にするといいでしょう。

🎵 **15秒音声トレ！**

I haven't seen Peter on social media for a long time. His account says he's been inactive for at least a month.

毒 (親)、モラハラ (彼氏)：toxic

Just because you have toxic parents or a toxic boyfriend doesn't mean you have to stay with them forever.

毒親やモラハラ彼氏がいるからといって、彼らとずっと一緒にいる必要はないんだよ。

💡 発想のポイント

toxic を物に対して使うときは、「有毒な」という意味。人を表すときは、「有害な、心をむしばむ、ストレスをかけ続けるような」という意味になります。「毒親」「モラハラ彼氏」を指すのに最適な言葉です。

🎵 15秒音声トレ！

Just because you have toxic parents or a toxic boyfriend doesn't mean you have to stay with them forever.

猫をかぶる、もったいぶる：hold back

Why don't you stop holding back and tell us how you really feel?

猫をかぶってないで、本音を話してくれないかな？

💡 発想のポイント

「出し惜しみする」というイメージ。「猫をかぶる、もったいぶる」のほか、「ぶりっこする、カマトトぶる、本性を隠す、実力を隠す」といった日本語にも対応できます。

🎵 15秒音声トレ！

Why don't you stop holding back and tell us how you really feel?

人の心に土足で踏み込む：insensitive

People can be so **insensitive** to your feelings on social media. That's why I just keep things to myself now.

SNS 上では人が平気で心に土足で踏み込んでくる。だから今は、いろいろなことを自分の心の中にとどめておくようにしている（他人と関わらないようにしている）。

💡 発想のポイント

insensitive は「心ない、無神経な、思いやりのない、野暮な」などの日本語訳でイメージすると使いやすくなります。イメージさえわかれば、「心に土足で踏み込む」という日本語も、瞬時に insensitive で置き換えられるようになります。

🎵 15 秒音声トレ！

People can be so insensitive to your feelings on social media. That's why I just keep things to myself now.

ガチでやる、本気になる、全力でやる：
go all in

Trust yourself. It's terrifying and doubt-inducing, but you'll know deep down when it's time to **go all in** on this project.

自分を信じるんだ。恐怖もあれば迷いもあるだろうが、このプロジェクトをガチでやるべきタイミングは心の奥底ではわかっているはずだ。

💡 発想のポイント

go all in は「全力でやる、取り組む」という意味。そこから、「ガチ（本気）でやる」というニュアンスに近づくことができます。doubt-inducing は「迷わせる」という意味。

🎵 15 秒音声トレ！

Trust yourself. It's terrifying and doubt-inducing, but you'll know deep down when it's time to go all in on this project.

ツンデレ① :

have a sneaking affection (for ~)

She always acts like she hates the tall teacher, but it's pretty obvious that she actually **has a sneaking affection for** him.

あの子はあの背の高い先生のことを嫌ってるように振る舞ってるけど、ツンデレなのはまあ間違いないよね。

 発想のポイント

直訳は「(そうとは見せてはいないが) ひそかな好意を持っている」で、「ツンデレ」のニュアンスに迫ることができます。

🎵 15秒音声トレ!

She always acts like she hates the tall teacher, but it's pretty obvious that she actually has a sneaking affection for him.

ツンデレ② :

love/like/care about A as much as ~ hates A

It's really funny how she **loves** him **as much as** she **hates** him.

彼女が彼に対してツンデレになってるのが本当に笑える。

 発想のポイント

「A を好きなのと同じくらい嫌い (好きだけれど大っ嫌い)」という意味で、「ツンデレ」のニュアンスに近づきます。love の代わりに、like (love よりも穏やかな "好き") や care about (気にかける) を使うこともできます。

🎵 15秒音声トレ!

It's really funny how she loves him as much as she hates him.

マウントを取る： become a one-upper

Everyone becomes a one-upper when it comes to lack of sleep during finals.

期末試験中は、誰もが睡眠時間の少なさでマウントを取り始める。

 発想のポイント

one-upper は「人の話を聞いて自分の方が "もう1ランク上 (もっとすごい)" と言って張り合い、自慢する嫌な人」を意味します。He always one-ups me. のように、one-up を「〜にマウントを取る」という動詞として使う用法もあります。

♩ 15秒音声トレ！

Everyone becomes a one-upper when it comes to lack of sleep during finals.

ツボる： have a laughing fit

We had an insane **laughing fit** and couldn't stop for minutes.

めちゃくちゃツボって何分も (笑いが) 止まらなかった。

 発想のポイント

fit には「発作、ひきつけ」という意味があり、a laughing fit は直訳すると「笑いの発作」を表します。そこから、「ツボる」のニュアンスを的確に表現できます。

♩ 15秒音声トレ！

We had an insane laughing fit and couldn't stop for minutes.

ブチ切れる、怒り狂う： have a fit

He had a fit when he heard the story.

そのいきさつを聞いて、彼はキレ散らかした。

 発想のポイント

018 で説明したように、fit には「発作、ひきつけ」という意味があります。have a fit で「発狂する、ブチ切れる、カッとなる」というニュアンスを出せます。

♩ 15秒音声トレ！

He had a fit when he heard the story.

□□□
020 **無敵の人、破れかぶれ、ヤケクソ：**
have nothing to lose

We should watch out. He has nothing to lose, so he'll do anything and everything.

気をつけた方がいいな。あいつは「無敵の人」だから、きっとヤバいことを徹底的にやると思うぞ。

 発想のポイント

「無敵の人」はスラングですね。「失うものがない ➡ 無敵の人、破れかぶれ、ヤケクソ」と解釈します。

♪ **15秒音声トレ！**

We should watch out. He has nothing to lose, so he'll do anything and everything.

□□□
021 **負い目がない：** have nothing to hide

What's great about him is he really has nothing to hide and deals with any trouble head-on.

彼の素晴らしいところは、全く負い目がなくて、どんなトラブルにだって正面から対応できることなんだ。

 発想のポイント

直訳は「隠すべきこと（後ろめたいこと）がない」で、「負い目がない」のニュアンスに迫ることができます。head-on は「正面から、真っ向から」という意味。

♪ **15秒音声トレ！**

What's great about him is he really has nothing to hide and deals with any trouble head-on.

逆ギレする：overreact

Stop being unreasonable. You can't overreact like that.

理不尽なことは言わないで！　そんな風に逆ギレしていいわけないでしょ。

💡 発想のポイント

「逆ギレ」は「責められるべき人が逆に怒ること」ですので、「過剰に反応する」を意味する overreact を使うと、うまくニュアンスを表すことができます。unreasonable は「筋の通らない、理不尽な」という意味。

🎵 15 秒音声トレ！

Stop being unreasonable. You can't overreact like that.

キャラが立っている、存在感がある：
have the wow factor

No wonder that comedian is selling out. He definitely has the wow factor.

あの芸人が売れまくっているのは当然だよ。すごくキャラが立っているもの。

💡 発想のポイント

「一目で驚くほど優れているとわかるファクター（要素）がある➡キャラ立ちしている」ととらえましょう。「華・個性・存在感がある、人目を引く」といった日本語にも対応できます。

🎵 15 秒音声トレ！

No wonder that comedian is selling out. He definitely has the wow factor.

パッとしない、華がない、存在感がない：

have no wow factor

His performance wasn't bad, but to be honest, it **had no wow factor.**

彼のパフォーマンスは悪くはないけど、正直パッとしない。

💡 発想のポイント

これも wow factor を使って表すことができます。「一目で驚くほど優れているとわかるファクターがない」のですから、「華・個性・存在感がない」に相当します。

🎵 15秒音声トレ！

His performance wasn't bad, but to be honest, it had no wow factor.

SNSで粘着する：

stalk 〜 on social media

She's been **stalking** me **on social media**, and it's affecting my job.

彼女に SNS で粘着されていて、仕事にも影響が出てきてる。

💡 発想のポイント

「SNS 上でストーキングする」ととらえましょう。stalk online とすれば、「ネット全般で粘着する」という意味になります。SNS は英語では一般的に social media と言います。

🎵 15秒音声トレ！

She's been stalking me on social media, and it's affecting my job.

(〜が) <ruby>蛙化<rt>かえる</rt></ruby>する① :

be/get disillusioned (by 〜)

When the guy I'm one-sidedly in love with starts to love me back, I get disillusioned.

片思いだった人と両思いになった瞬間に、幻滅してしまう。

💡 発想のポイント

「蛙化する」は、グリム童話『カエルの王様』が由来とされるスラングです。「〜に幻滅させられた（＝〜が蛙化した）」と解釈すれば、英語でもこのニュアンスを表すことができます。

🎵 15秒音声トレ !

When the guy I'm one-sidedly in love with starts to love me back, I get disillusioned.

- -

(〜が) **蛙化する②** : get the ick

I kind of got the ick from my ex typing "jim" instead of "gym," and there's no going back.

元カレが "gym" って単語を "jim" ってタイプしてから何気に蛙化して、（好きな気持ちが）戻ることはなかった。

💡 発想のポイント

ick は「オエッ！」や「キモッ！」にあたる擬態語で、「（好きだった人の）性癖や言動、服装など、ささいな理由で急に恋愛感情が冷める」ことも意味します。I got the ick from 〜 で「（〜を見て）オエッとなった」、He gave me ick. なら「（彼を）キモッって思った」など、強い幻滅を表す「蛙化する、急に冷める」に対応できます。

🎵 15秒音声トレ !

I kind of got the ick from my ex typing "jim" instead of "gym," and there's no going back.

「既読スルー」する：read but ignore

I've been wondering why she's **reading** my LINE messages **but ignoring** them all the time.

彼女がなんで僕の LINE を既読スルーしているのか、ずっと考えてる。

💡 発想のポイント

直訳は、文字通り「読んで無視する」で、「既読スルー」を簡単に表現できます。

♬ 15 秒音声トレ !

I've been wondering why she's reading my LINE messages but ignoring them all the time.

沼・沼る：go down a/the rabbit hole

I never expected this relationship to be this complicated. I guess I **went down a rabbit hole** that I can't get out of.

この関係がここまでもつれるとは思わなかった。沼ってて抜け出しようがない。

💡 発想のポイント

スラングの「沼」にはいろいろな英語が考えられますが、「深入りする気はないのに抜け出せなくなる」というニュアンスのこの表現は、多様な文脈で応用が利きます。rabbit hole の冠詞は the と a のどちらを使っても大丈夫です。

♬ 15 秒音声トレ !

I never expected this relationship to be this complicated. I guess I went down a rabbit hole that I can't get out of.

メンタルが不安定、情緒不安定①：
one's mind is yo-yoing

My mind was yo-yoing all the time when I was with my toxic boyfriend.

モラハラ彼氏といる間はずっとメンタルが不安定だった。

💡 発想のポイント

精神状態をさまざまなものに例えています。yo-yoing は「(メンタル・情緒が)ヨーヨーのように激しく上下動している」ととらえましょう。

🎵 15 秒音声トレ！

My mind was yo-yoing all the time when I was with my toxic boyfriend.

- -

メンタルが不安定、情緒不安定②：
be on an emotional roller-coaster

I had such low self-esteem, and I **was on an emotional roller-coaster** back then.

あの頃は自己肯定感がすごく低くて、メンタルが不安定だった。

💡 発想のポイント

今度はヨーヨーではなく、別のものに例えています。「(メンタル・情緒が) ジェットコースターのように激しく上下動している」 イメージです。self-esteem は「自尊心」を指します。

🎵 15 秒音声トレ！

I had such low self-esteem, and I was on an emotional roller-coaster back then.

(～は)モテる：fight over ~

Girls **fight over** him.

あいつ、モテるなぁ。

💡 発想のポイント

直訳は「（女の子が）彼を取り合う」で、「モテる」のニュアンスを表します。popular などの形容詞を使ってもいいですが、〈主語＋動詞〉でも文が作れるようにしましょう。

🎵 15秒音声トレ！

Girls fight over him.

ノロケる、自画自賛する：brag about ~

Stop **bragging about** your girlfriend. You tried to cheat on her two weeks ago.

ガールフレンドのノロケ話はやめとけよ。2週間前に浮気しようとしてたくせに。

💡 発想のポイント

brag about ~ は「〜について（偉そうに）自慢話をする」という意味で、対象が恋人なら「ノロケる」のニュアンスになります。cheat on ~ は「（恋人や配偶者）を裏切って浮気する」という意味。

🎵 15秒音声トレ！

Stop bragging about your girlfriend. You tried to cheat on her two weeks ago.

□□□
032

イチャイチャする：Netflix and chill

A: Do you wanna **Netflix and chill** tonight?
B: Disgusting.

A: Netflix を見ながら家でゆっくりしない？（うちに来てイチャイチャしない？）

B: キモいんだけど。

 発想のポイント

インドアのデートでイチャイチャしたいときによく使われるナンパフレーズです。その気がないときは、この表現を聞いたら気をつけましょう！

♩ 15 秒音声トレ！

A: Do you wanna Netflix and chill tonight?

B: Disgusting.

□□□
033

（猫のおなかに）もふもふする、モフる、猫吸いする：cuddle and sniff

This cat is so snuggly! I desperately want to put my face in his belly and **cuddle and sniff** him!

この猫ちゃん、すごくモフりたくなる！　この子のおなかに顔をうずめて、もふもふと猫吸いしたい！

 発想のポイント

「もふもふしている」は「ふわふわ、もこもこ」を表す snuggly や fluffy で表現できます。一方、動詞として「もふもふする、猫吸いする」と言うなら、cuddle（優しく抱いてすり寄る）や sniff（クンクンと匂いをかぐ）などを使うとそのイメージになります。

♩ 15 秒音声トレ！

This cat is so snuggly! I desperately want to put my face in his belly and cuddle and sniff him!

40

(心に) 沁みる、響く：speak to ~

All her works **speak to** me in so many different ways.

彼女の作品は皆、私の心にあらゆる方向から沁みてくる。

💡 発想のポイント

「(物語や作品、音楽などが)自分に語りかけてくる」というイメージです。

🎵 15秒音声トレ！

All her works speak to me in so many different ways.

流れ弾に当たる：

be unexpectedly affected (by ~)

I was unexpectedly affected by a movie theme song I happened to hear.

某映画の主題歌が流れてきて、すごい流れ弾に当たった気分だった。

💡 発想のポイント

比喩的な「流れ弾に当たる」は、「不意に影響される」と解釈できます。ポジティブな文脈なら、「感動させられる」というニュアンスになります。

🎵 15秒音声トレ！

I was unexpectedly affected by a movie theme song I happened to hear.

寝落ちする： pass out

The moment I got back from the exam, I passed out, and my brain had purged every memory from it by the time I woke up.

試験から帰ったとたんに寝落ちして、目が覚めたときには脳みそがその記憶の一切を消去してしまっていた。

💡 発想のポイント

単に fall asleep（眠りにつく）と言うよりも、pass out（気絶する）を使うと「寝落ちする」の少し大げさなニュアンスが伝わり、会話が楽しくなります。「お酒に酔いつぶれる」などにも、この表現がよく使われます。purge A from B は「B から A を取り除く」という意味。

🎵 15秒音声トレ！

The moment I got back from the exam, I passed out, and my brain had purged every memory from it by the time I woke up.

伝染する、うつる： rub off（on ~）

She has such a positive attitude. I hope it rubs off on the rest of the team!

彼女はあんなに前向きだ。それがチームの皆にもうつればいいのに！

💡 発想のポイント

A rub off on B の直訳は「B に A が（こすりつけられて）付着する」。転じて「（行動・性癖・考え方などが）伝染する」という意味になります。

🎵 15秒音声トレ！

She has such a positive attitude. I hope it rubs off on the rest of the team!

浮いている、なじまない：

not belong there

It's almost a joke how he doesn't belong there. He doesn't belong in the community at all.

あいつ浮きまくってて、ほとんどギャグのレベルだな。コミュニティーに全くなじんでない。

 発想のポイント

直訳は「(〜は) そこに所属していない」で、「ある組織や場所になじまない➡浮いている」というニュアンスで使うことができます。

♩ 15秒音声トレ!

It's almost a joke how he doesn't belong there. He doesn't belong in the community at all.

(試験などで)ヤマを張る：

guess what will be on the exam

Stop guessing what will be on the exam. You know you never guess it right.

試験のヤマを張るのはやめとけよ。いっつも外れてばっかりじゃないか。

 発想のポイント

make a calculated guess (計算して予想する)のような表現もありますが、ここは**関係詞 what** を使って応用力と瞬発力を高めましょう。guess it right (ヤマが当たる)、guess it wrong (ヤマが外れる)も覚えておくと便利です。

♩ 15秒音声トレ!

Stop guessing what will be on the exam. You know you never guess it right.

グーグル先生：

google all *one*'s problems

I google all my problems so much that when I lose something, I want to search on "Where is it?" If only it worked that way.

何でもグーグル先生に相談しまくってるから、何かをなくしたときさえ「それはどこ?」って検索してしまう。まぁ無理なんだけど。

💡 発想のポイント

日本語でも「ググる」という言葉があるように、google を動詞として使っています。なかば慣用的によく使われている表現ですね。「何でもかんでも Google 頼りで依存しきっている」というニュアンスです。If only 以下は仮定法で「〜ならいいのに(無理だけど)」ということです。

♩ 15 秒音声トレ!

I google all my problems so much that when I lose something, I want to search on "Where is it?" If only it worked that way.

持ちネタ： tell that story all the time

You **tell that story all the time**, don't you?

それって、持ちネタでしょ?

💡 発想のポイント

直訳は「その話をいつもしている」。「持ちネタ」を一つの名詞として考えずに、〈主語＋動詞〉のパターンに落とし込んでみましょう。

♩ 15 秒音声トレ!

You tell that story all the time, don't you?

闇が深い：
042

complicated (behind the curtain)

I thought that working in a restaurant would be an easy job. However, I soon found out that things were more complicated behind the curtain.

飲食店で働くのは楽だろうと思っていたんだ。でも、世の中は見えないところで闇が深いものだとすぐに気づいた。

💡 **発想のポイント**

complicated は「複雑な」という意味から転じて、「困難な、面倒な、込み入った、わかりにくい」という意味でも使われます。「闇が深い」というニュアンスもうまく表現できます。

♪ 15秒音声トレ！

I thought that working in a restaurant would be an easy job. However, I soon found out that things were more complicated behind the curtain.

神レベル、神ってる、異次元の、レベチ：
043

on another level

His stage presence is on another level, and he never fails to captivate people with his charms.

ステージでの彼の存在感は神ってて、誰もが必ずその魅力のとりこになってしまう。

💡 **発想のポイント**

直訳は「別のレベル（＝全く違うレベル）」で、「次元が違う、ケタが違う、飛び抜けている」というニュアンスになります。転じて、「人間離れした」「神レベルの」「神ってる」などのスラングを表すことができます。captivate は「（人など）を魅了する」という意味。

♪ 15秒音声トレ！

His stage presence is on another level, and he never fails to captivate people with his charms.

かわいそう、痛ましい：
It breaks my heart.

When I see animals in pain, it really breaks my heart.

動物が苦しんでいるのを見ると、本当にかわいそうだ。

💡 発想のポイント

「かわいそう」を pitiful などではなく、It breaks my heart. と〈It ＋動詞〉で表現してみましょう。この習慣が英語的発想と発話力を強化してくれます。

🎵 15秒音声トレ!

When I see animals in pain, it really breaks my heart.

誰得：good for nobody

Nothing they do makes sense, and it's good for nobody.

彼らがやることって意味がわからないし、誰得って感じ。

💡 発想のポイント

「誰にとっても良くない➡誰得」ととらえるといいでしょう。

🎵 15秒音声トレ!

Nothing they do makes sense, and it's good for nobody.

絶妙：just perfect

The flavoring is just perfect.

絶妙な味つけだな。

💡 発想のポイント

「絶妙」は英語にしにくそうに思えますが、just perfect で事足ります。「寸分の狂いなく完全・完璧（なバランス、配分）になっている」というニュアンスです。

🎵 15秒音声トレ!

The flavoring is just perfect.

ほとぼりが冷めるまで：
until things calm down

You should lay low until things calm down.

ほとぼりが冷めるまでおとなしくしていた方がいいよ。

💡 発想のポイント

things は it と同じく「世の中、いろいろ、物事、状況」を表し、会話では頻繁に主語として使われます。lay low は「身を低くする、隠れる、おとなしくする」という意味です。

🎵 15秒音声トレ！

You should lay low until things calm down.

ノリで、気まぐれに、大した理由もなく：
for the heck of it

I made this account for the heck of it, but I've started to enjoy sharing my thoughts and ideas on it.

ノリでアカウントを作ったけど、そこで自分の考えやアイデアをシェアすることが楽しくなってきたんだ。

💡 発想のポイント

「何となくノリで、何となく面白そうで、面白半分に」といったニュアンスのカジュアルな表現です。for the hell of it とすると、さらにカジュアルになります。

🎵 15秒音声トレ！

I made this account for the heck of it, but I've started to enjoy sharing my thoughts and ideas on it.

スルーする、大目に見る：let it slide

Every time he made a big mistake, I let it slide and acted like nothing happened.

彼が大きなミスをするたびに、私はそれには目をつぶって、何事もなかったかのように振る舞いましたよ。

💡 発想のポイント

直訳すると、「それをスライドさせる、滑らせる」です。転じて、「目をつぶる、見逃す、大目に見る」という意味になります。

🎵 15秒音声トレ！

Every time he made a big mistake, I let it slide and acted like nothing happened.

…ですが何か？：So, what if...?

So what if I'm a nerd? Is it a crime? You got a problem with that?

（私は）オタクですが何か？　それって犯罪ですか？　それで何か問題でも？

💡 発想のポイント

What if...? はうんざりしたり開き直った話し方や雰囲気で、「…だから何だ？」という意味でも使われます。

🎵 15秒音声トレ！

So what if I'm a nerd? Is it a crime? You got a problem with that?

□□□
051

笑いのツボが浅い：

Simple things amuse ~.

My teenage sister has been fairly rebellious, but thank God, **simple things amuse** her, and it's not difficult to make her laugh.

10代の妹の反抗期がすごいんだけど、笑いのツボが浅いタイプで、笑わせるのは簡単で本当によかった。

 発想のポイント

「笑いのツボが浅い、笑い上戸」は laugh a lot と言うこともできますが、英語的発想の**無生物主語**の方がこなれています。

🎵 15秒音声トレ！

My teenage sister has been fairly rebellious, but thank God, simple things amuse her, and it's not difficult to make her laugh.

□□□
052

民度が低い、(彼らは)わかっちゃいない：

People in ~ should know better.

A lot of **people in** this country **should know better** and stop being complacent about what some politicians are doing here.

この国の国民の民度は低いし、彼らは一部の政治家がやっていることを(無関心なまま)受け入れている場合じゃない。

💡 発想のポイント

「民度」を単独で訳すよりも、文全体でイメージを再現してみましょう。「民度が低い」という表現には対象を見下した傲慢なニュアンスがあり、should know better (わかっちゃいない、もっとよく考えるべきだ) という表現の出番です。complacent about ~ は「～に自己満足した」という意味。

🎵 15秒音声トレ！

A lot of people in this country should know better and stop being complacent about what some politicians are doing here.

語彙力不足をなげく前に

　皆さんの「究極の目的」とは何でしょうか？　目的は一つではないかもしれませんが、「英語を気軽に、自由自在に話せること」という目標は間違いなくあるのではないでしょうか。

　私自身、英語を独学し、同時通訳の仕事をするようになるまで、この目標を常に意識してきました。しかし、かつての私のように、日本で真剣に英語の習得に取り組んでいる人に限って、「私は語彙力が足りないから言いたいことが言えないんです」という悩みを口にします。これは英語公用語化を進める超大手企業や、英語の資格試験でかなりの上級レベルとされている人たちであっても同様です。

　彼らが話せないのは、本当に語彙が足りないからでしょうか？　試験で高得点を取っても「話せない」という悩みが解消しないということは、「英語を黙読し、ただ知識を増やしても、それだけでは英語を自在に話せるようにならない」という現実をハッキリと映し出しています。

　同時通訳の案件が入るたびに、私はその分野の専門用語を頭に詰め込み、日常的にもさまざまな英文雑誌や英語メディアに目を通しています。ですが、それらを会話で好きなときに自在に活用できるのは、そうなるような方法を実践してきたからにほかなりません。

💬 子供時代から人生の最後までお世話になる言葉たち

　それでは一体どうすれば、「自由自在に英語を話す」ことが可能になるのでしょうか。ここで注目したいのが、「子供と大人の会話」です。

　人は生まれてから亡くなるまで語彙力は変動します。しかしながら、語彙が少ない子供と語彙が多い大人の間にも、会話はちゃんと成立します。また、大人同士で読書量や専門知識の差があっても、きちんと会話し内容を理解することは可能です。

　これは、会話の流れ（文脈）の中であれば、**「一定の語彙力さえあれば会話するシステムがきちんと作動する」**ことを意味しています。

　人間には、子供のときから記憶力が衰え晩年になるまで変わらず共通して「お世話になる語彙」が存在します。要は、それらの限られた言葉を徹底的に使い回す練習さえすれば、英語は気軽に、そして自在に口に出るようになるのです。

　基本的すぎて忘れようがない語彙だけで会話するシステムを体にインストールすること、自由自在な英会話はそこから始まります。

2

リアルな感情を瞬時に英語化

スカッとする：satisfying

It'd be super satisfying to smash my lame smartphone right now!

今このポンコツスマホを粉々に壊したらスカッとするんだろうな！

💡 発想のポイント

皆さんおなじみの satisfying（満足・納得のいく）は、意外にも「せいせいした、スッとした、スッキリした」というニュアンスで非常によく使われます。

🎵 15秒音声トレ！

It'd be super satisfying to smash my lame smartphone right now!

迷う、悩む：I'm debating.

I'm debating whether I should quit my job and let my money work for me.

仕事を辞めて投資で食べていくべきかどうか悩んでいる。

💡 発想のポイント

debate は「自分の中で肯定側と否定側に分かれて議論する➡迷う、悩む」という意味。I'm debating. なら「どうしようかな？」。Let one's money work. は「お金を働かせる➡投資で利益を出す」ことを表します。

🎵 15秒音声トレ！

I'm debating whether I should quit my job and let my money work for me.

せつない：feel powerless

I feel powerless… I wish I could do something about it.

せつないな…何かできることがあればいいんだけど。

💡 発想のポイント

直訳は「無力に感じる」ですが、転じて「何もできない、してあげられないという無力感」（＝「せつない」という感情）を表現できます。

🎵 15秒音声トレ！

I feel powerless… I wish I could do something about it.

むなしい、魂が抜けたようになる：

feel empty

I want my anxiety to just go away forever. I feel empty, like there's no point in doing anything.

この不安感がなくなればいいのに。むなしさでいっぱいで、何をやっても意味なんてないと感じる。

💡 発想のポイント

直訳は「空っぽに感じる」。feel empty はよく使われ、「むなしい、虚無感を覚える」という心の状態をうまく表現できます。

🎵 15秒音声トレ！

I want my anxiety to just go away forever. I feel empty, like there's no point in doing anything.

気後れする、ひるむ、ビビる：
feel intimidated

I lower the bar here and there because I **feel intimidated** by the sheer pressure from the high standards I've set for myself.

時折ハードルを（意図的に）下げるようにしてる。というのも、自分自身が立てた目標の高さからくるプレッシャーに気後れしてしまうから。

💡 **発想のポイント**

intimidate は「〜を怖がらせる、脅す」ですが、feel intimidated の形で「（自信がなく）気後れする」という意味でよく使われます。here and there は「時折、ときどき」という意味。

🎵 **15秒音声トレ！**

I lower the bar here and there because I feel intimidated by the sheer pressure from the high standards I've set for myself.

やるせない：frustrating

There's nothing I can do... It's so **frustrating**!

何もできないなんて…本当にやるせない！

💡 **発想のポイント**

055 の「せつない」よりもう少し強い響きがあります。frustrating は「いらいらする、悔しい」という意味で覚えている人も多いと思いますが、「思うようにいかないやるせなさ」を表すことができます。

🎵 **15秒音声トレ！**

There's nothing I can do... It's so frustrating!

（心が）浮ついている、フワフワしている： be distracted

He's distracted all the time and hopeless at focusing on his work.

あいつはいつも心が浮ついていて、全く仕事に集中できてないな。

💡 **発想のポイント**

be distracted は「気が散っている、注意散漫だ」といった意味。「（心が）浮ついている、フワフワしている」など、訳しにくそうに見える状況を表すのに使うことができます。

🎵 **15秒音声トレ!**

He's distracted all the time and hopeless at focusing on his work.

心を入れ替えた： be different now

Please trust me. I'm different now. I'm telling you!

信じてください。心を入れ替えたんです。本当なんです！

💡 **発想のポイント**

「心を入れ替えた、生まれ変わった」は、change などを使うよりも be different now としたほうが、ポジティブなニュアンスを確実に伝えることができます。

🎵 **15秒音声トレ!**

Please trust me. I'm different now. I'm telling you!

冷める、しらける： leave ～ cold

The original book brought me to tears, but the movie left me cold.

原作では泣けたけど、映画版ではしらけたよ。

💡 **発想のポイント**

直訳は「～を冷えたままにする」で、「～の興味をそそらない、感銘を与えない、感動させない」というニュアンス。This joke left me cold. なら「このジョークは"寒かった"」となります。

🎵 **15秒音声トレ!**

The original book brought me to tears, but the movie left me cold.

呆気にとられる、言葉を失う①：
leave ~ speechless

The end of that game certainly left me speechless.

あの試合の結末には間違いなく呆気にとられたよ。

💡 発想のポイント

leave ~ speechless は「(驚きなどのあまり)言葉を失う、言葉が出ない」のニュアンス。be dumbfounded/flabbergasted といった表現もありますが、より覚えやすく使いやすいです。

♩ 15秒音声トレ！

The end of that game certainly left me speechless.

呆気にとられる、言葉を失う②：
Words escape me.

I'm so blown away by his novel that words escape me.

彼の小説に感動して、言葉が出ない。

💡 発想のポイント

直訳は「言葉が私から逃げる」。英語的発想の典型的な**無生物主語**です。こうした使い方に注目して積極的に口に出すことで、発話の瞬発力は向上していきます。be blown away は「感動する」という口語表現。

♩ 15秒音声トレ！

I'm so blown away by his novel that words escape me.

～にくよくよ悩む、心が～に居つく、
～にこだわる：dwell on ~

Stop **dwelling on** the past and things you can't control. What's done is done, and it's up to you to make changes.

済んだことやどうにもならないことに悩むんじゃない。起こったことは仕方がないし、変えていくかは君次第だ。

💡 発想のポイント

dwell には「住む、居住する」という意味があり、dwell on ~ でまさに「～に心が居つく➡くよくよ悩む」のニュアンスになります。

🎵 15秒音声トレ！

Stop dwelling on the past and things you can't control. What's done is done, and it's up to you to make changes.

（気持ち・心が）萎(な)える：
demotivating/depressing

It's just **demotivating** (**and depressing**) to have to do so much unpaid overtime.

こんなにたくさんサービス残業をしなきゃならないなんて、とにかく萎える。

💡 発想のポイント

直訳は「（～するのは）やる気を失う、気持ちが沈む」で、「萎える、心が折れる」などのニュアンスを表現できます。

🎵 15秒音声トレ！

It's just demotivating (and depressing) to have to do so much unpaid overtime.

へこんでいる：I'm bummed (out)

I'm so **bummed out** because I was planning to be there but had to cancel due to a family commitment.

本当にそこに行きたかったけど、家族サービスのためにキャンセルするしかなくて、マジへこみ中。

💡 発想のポイント

I'm depressed/disappointed でももちろん「落ち込んだ、がっかりした」となりますが、I'm bummed (out). というイディオムも覚えておきましょう。特にアメリカ英語でよく用いられます。

🎵 15秒音声トレ！

I'm so bummed out because I was planning to be there but had to cancel due to a family commitment.

苦手意識がある：(be) not my thing

I can't force myself to enjoy something I dislike, and computer science **is** just **not my thing**.

嫌いなものは無理やり好きにはなれないし、コンピューターサイエンスにはとにかく苦手意識があるんだ。

💡 発想のポイント

「得意ではない（興味がない）」という意味で、「私に〜は向いていない」というニュアンスになります。もう少しフォーマルにしたければ、I don't think I'm cut out for ~. とも言えます。

🎵 15秒音声トレ！

I can't force myself to enjoy something I dislike, and computer science is just not my thing.

〜が死ぬほど苦手、死んでも〜したくない:
I can't *do* ~ to save my life.

I'm really good at writing essays, but **I can't** do math **to save my life.**

論文を書くのはすごく得意だけど、数学は死ぬほど苦手だよ。

 発想のポイント

直訳は「自分の命を守るためでも〜はできない」で、「〜が死ぬほど苦手、死んでも〜したくない、絶対に無理」というニュアンスです。I couldn't eat it to save my life.（死んでもそれは食べたくない）のように応用することもできます。

🎵 15 秒音声トレ！
I'm really good at writing essays, but I can't do math to save my life.

イラっとする：be put off

I was put off by her passive-aggressive attitude.

あいつが態度で表して反撃してくるの、ムカついた。

 発想のポイント

「イラっとする」というと、be/get irritated のような表現を思いつくかもしれませんが、このようなシンプルな組み合わせの方がよく使われます。リスニングの難易度が高いので、何度も声に出して練習するといいでしょう。passive-aggressive はやや難しい表現ですが、「受動攻撃性の」という意味。180 で詳しく説明しています。

🎵 15 秒音声トレ！
I was put off by her passive-aggressive attitude.

（試合・ドラマなどを見て）**ハラハラする：**

stress ~ out

Please stop **stressing** me **out** and just win!

ハラハラさせないで、とにかく勝って！

 発想のポイント

stress ~ out は「（人）をストレスで参らせる」の意味。スポーツの試合やドラマ
などの目まぐるしい攻防や展開に、「ハラハラする」という気持ちを表現できま
す。

♫ 15 秒音声トレ！

Please sto p stressin g me out an d jus t win!

～が（心に）響く、～に惹かれる、興味がわく：

appeal to ~

I just burned myself out on games in general. Nothing about any game **appeals to** me anymore.

ゲームというものに対して自分は燃え尽きてしまった。あらゆるゲームのど
んな部分にも惹かれなくなった。

 発想のポイント

主語はあくまで**無生物**（ここではゲーム）。それらが「人（自分）に対してアピー
ルしてくる」という発想に慣れるようにしましょう。

♫ 15 秒音声トレ！

I jus t burne d myself out_on games_in general. Nothing_abou t any
game_appeals to me anymore.

気分がアガる、元気が出る：
boost *one*'s mood

This song boosts my mood whenever I feel down.
へこんだときはこの曲で気分がアガるんだ。

 発想のポイント

英語的な発想の**無生物主語**です。boost の代わりに elevate を使い、elevate my mood でも同じ意味になります。

♫ 15秒音声トレ！

Thi<u>s</u> song boosts my moo<u>d</u> whenever I feel down.

元気が出る：lift ~ up

Your words lifted me up when I was going through unbearable pain.
つらくてたまらないときに、そう言ってくれて元気が出たよ。

💡 発想のポイント

これも**無生物主語**の発想です。直訳は「君の言葉が私を持ち上げた」で、「そう言ってくれたおかげで元気が出たよ」というニュアンスになります。

♫ 15秒音声トレ！

Your words lifte<u>d</u> me u<u>p</u> whe<u>n I</u> was goin<u>g</u> through unbearable pain.

うれし泣き：happy tears, cry for joy

They were my happy tears. I mean, **I cried for joy** for the first time in my life.
うれし涙だった。というか、人生で初めてうれし泣きしたよ。

💡 発想のポイント

これは素直に英語にするとよいでしょう。happy tears は「うれし涙」、cry for joy は「うれし泣きする」です。また、同じ意味で cry out of happiness という表現も覚えておきましょう。

♫ 15秒音声トレ！

They were my happy tears. I mean, I crie<u>d</u> for joy fo<u>r</u> the firs<u>t</u> <u>time in</u> my life.

（心が）**ときめく、心躍る**： spark joy in *one*

I love my cat. He **sparks joy in me**.

猫を大事に飼っています。猫がいるだけで心がときめくんです。

💡 発想のポイント

「心の中で喜びがきらめく」というイメージで、日本語の「ときめく、心躍る、喜びを感じる」のニュアンスになります。主語は人でも生き物でも無生物でも、何でも使えます。

🎵 15秒音声トレ！

I love my cat. He sparks joy in me.

モヤモヤする：
not sit right/well with ~

The principal's comment about bullying did**n't sit right with** me. It seemed very insensitive.

いじめに関する校長のコメントにモヤモヤした。とても無神経に思えたから。

💡 発想のポイント

sit right with ~ には「～にとって納得できる、しっくりくる」という意味がありますが、not を足せば「モヤモヤする、納得がいかない」というニュアンスを表現できます。例えば「上司の言ったことにモヤモヤする」であれば、What my boss said doesn't sit well with me. と言うといいでしょう。

🎵 15秒音声トレ！

The principal's comment about bullying didn't sit right with me. It seemed very insensitive.

076 開き直る：be/become defiant

He **became defiant** about that. He has a lot of nerve.

あいつ、その件で開き直ってきやがった。面の皮が厚い奴だな。

💡 **発想のポイント**

defiant には「反抗的な、挑戦的な、傲慢な、開き直った、素直でない」などの意味があり、「開き直った」というニュアンスを伝えられます。have a lot of nerve は「厚かましい」という意味です。

🎵 **15秒音声トレ！**

He became defiant about that. He has a lot of nerve.

---

077 あやかりたい、グッとくる、刺さる： inspirational

That quote is **inspirational** because it shows us that kindness can unlock our full potential.

その名言にはあやかりたくなる。他者への思いやりが、人間の潜在能力をフルに発揮させると教えてくれるから。

💡 **発想のポイント**

直訳は「感情を揺さぶる、心を動かす」。「（感動して）〜に影響を受ける・受けたい」というニュアンスもあり、「〜にあやかりたい」という気持ちを表現できます。ほかに intriguing（興味をそそる）、captivating（人の心をつかむ）などの表現も押さえておきましょう。

🎵 **15秒音声トレ！**

That quote is inspirational because it shows us that kindness can unlock our full potential.

懐かしい①：I miss...

I miss the days when I could be happy and sociable without having to worry.

何の心配もなく、楽しく人と打ち解けられていた日々が懐かしい。

💡 発想のポイント

「懐かしい」を形容詞 nostalgic と訳するよりも、〈主語＋動詞〉を使って柔軟に発想するのがポイント。I miss it.（それ懐かしい！）や I miss those days.（あの日々が懐かしい！）とまずは一息で言えるようにしましょう。

🎵 15秒音声トレ！

I miss the days when I could be happy and sociable without having to worry.

懐かしい②：bring back memories

This place **brings back memories**, and it's where my soul belongs.

ここは懐かしい場所で、自分の魂は今でもここにある。

💡 発想のポイント

英語的な**無生物主語**の発想です。直訳は「〜が思い出を再び運んでくる」で、「懐かしい〜だ」というニュアンスになります。

🎵 15秒音声トレ！

This place brings back memories, and it's where my soul belongs.

ほっこりする、ほほ笑ましい：put a smile on *one*'s face

Everything my cat does **puts a smile on my face**.

私の猫ちゃんがすることは、何にでもほっこりしてしまう。

💡 発想のポイント

「ほほ笑みを私の顔に置いてくれる」というイメージ。英語らしい**無生物主語**は、発話の瞬発力の向上につながります。

🎵 15秒音声トレ！

Everything my cat does puts a smile on my face.

頭の体操になる：

challenge *one*'s thinking

Professor Wilkins really challenges my thinking. That's why I love her class so much.

ウィルキンス教授はすごく頭を活発にしてくれる。だから先生の授業は大好きだ。

💡 発想のポイント

challenge には「（人）に挑戦する」のほか、「～をかき立てる」という意味もあります。my thinking を続ければ、「～は頭の体操になる」というニュアンスに近づくことができます。

🎵 15秒音声トレ！

Professor Wilkins really challenges my thinking. That's why I love her class so much.

自分の機嫌を取る：

keep *one*self entertained

I've learned to keep myself entertained. I don't need TV or social media all the time.

誰にも依存せずに自分の機嫌を取れるようになった。いつもテレビと SNS が必要なんじゃない。

💡 発想のポイント

直訳では思いつきにくい *one*self 系の表現です。近年よく使われるようになった「自分の機嫌を取る」のニュアンスもこれで表現できます。

🎵 15秒音声トレ！

I've learned to keep myself entertained. I don't need TV or social media all the time.

暇をつぶす： keep *oneself* busy

My girlfriend broke up with me, so I need to figure out how to keep myself busy and move on.

彼女に振られてしまったから、忙しくして時間をやり過ごしつつ、気持ちを切り替えていく方法を見つけないといけない。

💡 発想のポイント

直訳では「自分自身を忙しく保つ」という不自然な日本語になりますが、「(あえて)忙しくする」「(退屈や孤独な)時間をつぶす、やり過ごす」といったニュアンスに対応できます。「暇をつぶす」と聞くと kill time を使いたくなりますが、*oneself* 系の表現でネイティブ的な発想を体得しましょう。

🎵 15秒音声トレ！

My girlfriend broke up with me, so I need to figure out how to keep myself busy and move on.

気を紛らわせる： distract *oneself*

I started to teach myself English to distract myself from my broken heart.

失恋の傷ついた気持ちを紛らわせるために、英語の独学を始めたんです。

💡 発想のポイント

直訳は「自分自身の気を散らす (邪魔する)」で、転じて「(嫌なことがあったときに) 気を紛らわせる」という意味で使います。*oneself* 系の表現は日本語が母語だと思いつきにくいので、意識して練習し、感覚を身につけたいものです。

🎵 15秒音声トレ！

I started to teach myself English to distract myself from my broken heart.

〜しないように気をつけている：
always tell *one*self not to *do*

I always tell myself not to read live updates on social media because I tend to get too immersed in it and get nothing done.

SNS のリアルタイムの更新は見ないように気をつけてる。というのも、夢中になりすぎて何も手につかなくなるから。

💡 発想のポイント

「自分に言い聞かせている」イメージ。not を削り、always tell myself to *do*（〜するよう気をつけている）としても、もちろん使えます。get immersed in 〜 は「〜に夢中になる、没頭する」という意味。

♩ 15 秒音声トレ！

I always tell myself not to read live updates on social media because I tend to get too immersed in it and get nothing done.

(〜を)守ってあげたくなる、放っておけない：
stimulate *one*'s protective instinct

Girls who wear oversized sweaters are super cute, and they really **stimulate my protective instinct**.

オーバーサイズのセーターを着てる女の子ってめっちゃかわいくて、すごく守ってあげたい気持ちになる。

💡 発想のポイント

直訳は「〜が私の保護本能を刺激する」。難解な表現のようで、実はよく使われます。stimulate の後には、interest や imagination などを続けることもできます。

♩ 15 秒音声トレ！

Girls who wear oversized sweaters are super cute, and they really stimulate my protective instinct.

手応えがある：I feel I did well.

This time, I feel I did well on the TOEIC, and I can't wait to see my score!

今回の TOEIC は手応えがあったから、早くスコアを見たいんだ。

💡 発想のポイント

「よくできたと感じている➡手応えがあった」ととらえましょう。I'm sure I did well. (間違いなくうまくできた)とも言えます。

🎵 15秒音声トレ！

This time, I feel I did well on the TOEIC, and I can't wait to see my score!

口が（料理名）になる、無性に〜がほしくなる： I have/get a craving for ~

I got a sudden **craving for** a greasy ramen lunch. So I think I'm going to go out to one of the ramen shops around here.

急にこってりしたラーメンの口になっちゃった。この辺りのラーメン屋のどこかに行こうかな。

💡 発想のポイント

特定の料理が食べたくなったときに使う「〜の口になる」です。突然そんな気持ちになったときは a sudden craving for ~ とすれば、「急な〜への渇望 (craving)」というニュアンスを表現できます。

🎵 15秒音声トレ！

I got a sudden craving for a greasy ramen lunch. So I think I'm going to go out to one of the ramen shops around here.

(〜は)もうたくさんだ、我慢の限界だ：

I've had it (with 〜).

I've had it with the trolls and insults on social media!

SNSにいる荒らしと奴らの侮辱はもうたくさんだ！

💡 **発想のポイント**

「もうたくさんだ、こりごりだ」の意味というと、Enough! や I'm sick of it. といった表現が思い浮かぶかもしれません。さらに覚えたいのが I've had it. で、直訳は「もうそれをいただいた」。頻繁に使われます。troll は「（インターネット上の）敵意ある投稿、荒らし」のこと。

🎵 15秒音声トレ！

I've had it with the trolls and insults on social media!

何も手につかない、頭が回らない：

I can't function.

I can't function when there's a lot going on.

いろいろありすぎて、何も手につかない。

💡 **発想のポイント**

直訳すると「（私は）機能できない」。「（思考ややるべきことが）できなくなってしまう、身が入らない」というイメージです。

🎵 15秒音声トレ！

I can't function when there's a lot going on.

そういうのはちょっと…①：
It's not my style.

You should do whatever makes you happy, but it's just not my style.

君は君が好きなことをやればいいけど、自分はそういうのはちょっと無理なんだ。

💡 発想のポイント

「自分の流儀・やり方・信念に反する」というニュアンスです。

♩ 15秒音声トレ！

You should do whatever makes you happy, but it's just not my style.

そういうのはちょっと…②：
My mind doesn't work that way.

I can't do that kind of stuff because my mind doesn't work that way.

私はそういうのはちょっと無理だから、ああいうことはできないんだ。

💡 発想のポイント

直訳は「私の心（思考）はそのようには働かない」で、転じて「そういうのはちょっと無理」というニュアンスになります。

♩ 15秒音声トレ！

I can't do that kind of stuff because my mind doesn't work that way.

私はまだまだです、現状に満足しない①：
I still have a long way to go.

I still have a long way to go, and my English has a long way to go too.

私はまだまだですし、私の英語もまだまだですよ。

💡 発想のポイント

この表現では主語は I のみならず、例文のように English などの**無生物**も使うことに注目しましょう。英語やスキルなどを It に置き換えて、ほめられたときに It still has a long way to go. と、謙虚でスマートに返すこともできます。

🎵 15秒音声トレ!

I still have a long way to go, and my English has a long way to go too.

私はまだまだです、現状に満足しない②：
I'm not satisfied (with the way...)

I still get pretty insecure about my English-speaking skills. I mean, **I'm not** even **satisfied with the way** I express myself in Japanese.

英語のスピーキングで自信を失うことが多くて。というか、日本語でさえ自分の表現力には満足していないんです。

💡 発想のポイント

I have a long way to go. だけでなく、このように I'm not satisfied with the way... とすることも可能。直訳だと「私は私の…のやり方に満足していない」となり、「まだまだだけど向上したい」というニュアンスを伝えられます。

🎵 15秒音声トレ!

I still get pretty insecure about my English-speaking skills. I mean, I'm not even satisfied with the way I express myself in Japanese.

さもありなん、もっともだ、無理からぬ：

I wouldn't be surprised.

I wouldn't be surprised if they got promoted soon, considering the contribution they have made over the years.

彼らのここ数年の貢献度を考えれば、すぐに昇進することもさもありなんだよ。

💡 発想のポイント

直訳は「（もしそうだとしても）驚くことではない」となり、「さもありなん、もっともだ、当然だろう、そうであってもおかしくない、うなずける」など、さまざまな日本語に対応できます。

🎵 15秒音声トレ！

I wouldn't be surprised if they got promoted soon, considering the contribution they've made over the years.

…は許さない、
…してはダメ・受け入れられない：

won't have...

I won't have you going out this late. **I won't have** it.

こんな遅くに外出することは許さないから。そんなことはダメよ。

💡 発想のポイント

未来の否定形〈won't have〉は、「許さない、許容できない」の意味で使われることがあります。人に対して言うなら、won't have A（人）doing で「（A が）〜することは許さない」となります。

🎵 15秒音声トレ！

I won't have you going out this late. I won't have it.

ずっと謎なんだけど：
wondered all my life

I've **wondered all my life** why it's so hard to motivate myself.

なんでモチベーションを上げられないのか、ずっと謎なんだけど。

💡 発想のポイント

all my life は正確には「一生の間」という意味。ここでは「ずっと」を大げさに表現しています。

🎵 15秒音声トレ！

I've wondered all my life why it's so hard to motivate myself.

どうでもいい、全然興味がない：
couldn't care less, could care less

I **couldn't care less** about what others think. That won't change who I am and who I like to be.

他人の考えなんて全く興味なし。そんなもので、私のあり方や理想の姿を変えることなんてない。

💡 発想のポイント

直訳は「これ以上、気にしないことができない」で、「どうでもいい、全く気にしない」といったニュアンスになります。同じ意味で could care less も使われますが、こちらは文法的に正しくないので、使うときには TPO に注意しましょう。

🎵 15秒音声トレ！

I couldn't care less about what others think. That won't change who I am and who I like to be.

君のためを思って、心を鬼にして：
have your best interest at heart

I have your best interest at heart. I'm telling you!

君のためを思って言っている。本気で言ってるんだ！

💡 発想のポイント

直訳は「私はあなたにとって最高の利益（役立つもの）を心の中に持っている」となり、「（耳の痛いことであっても）君のためを思って」というニュアンスになります。I'm telling you.（本気で言ってるんだ）はよく使う表現で、332 で詳しく説明しています。

🎵 15 秒音声トレ！

I have your best interest at heart. I'm telling you!

A が～しているのが想像つく（つかない）：
I（don't）see A *doing*

He talks about and practices martial arts all the time, but **I don't see** him protect**ing** his girlfriend. If he has one.

あいつはいつも格闘技の話や練習ばかりしてるけど、自分の彼女を守るところが想像つかない。もし彼女がいればの話だけど。

💡 発想のポイント

直訳は「～しているのが見える」で、「～しているのが想像できる」という意味になります。例えば、肯定の形で I see him doing something big in the future. とすれば、「彼は将来大きなことをやるのが想像できる」という意味になります。

🎵 15 秒音声トレ！

He talks about and practices martial arts all the time, but I don't see him protecting his girlfriend. If he has one.

てっきり…だと思って：
I was so sure (that)…

I was so sure that he did it, but now I know I was mistaken.

てっきり彼がそれとやったのかと思って…でも今は私が勘違いしていたとわかります。

💡 **発想のポイント**

「…だと確信していた」と解釈しましょう。これを応用して、I was so sure that I gained like 3 pounds, but I actually lost 1. （てっきり3ポンドとか太ったと思ってたけど、実は1ポンド減ってた！） のような使い方もできます。be mistaken は「誤解している、勘違いしている」という意味。

🎵 **15秒音声トレ!**

I was so sure that he did it, but now I know I was mistaken.

…だとふと思う、ハッと気づく、不意に悟る：
It hit me that…

My colleague was talking about his own project, and it hit me that I hadn't prepared my presentation on time.

同僚が自分のプロジェクトについて話しているときに、自分のプレゼンの準備が間に合っていないことにハッと気づいた。

💡 **発想のポイント**

「ふと思う、気づく」のニュアンスにぴったりの表現です。hit は何かを急にひらめくイメージ。不意に口から出る表現は、**It が主語**になることが多いと覚えておきましょう。

🎵 **15秒音声トレ!**

My colleague was talking about his own project, and it hit me that I hadn't prepared my presentation on time.

すっかり忘れる：

It completely slipped my mind.

There was a movie I wanted to watch, but then it completely slipped my mind.

見たい映画があったけど、そのことをすっかり忘れてた。

💡 発想のポイント

これも **It が主語**の表現。slip は「頭から消え去る」イメージです。

🎵 15秒音声トレ！

There was a movie I wanted to watch, but then it completely slipped my mind.

そんなの考えたこともない

It had never crossed my mind.

That's a good question. It had never crossed my mind!

そうきましたか。それは考えたこともなかったです！

💡 発想のポイント

無生物主語の発想です。直訳は「それが私の頭の中をよぎったことはない」で、「そんなことは考えたこともない」というニュアンスになります。

🎵 15秒音声トレ！

That's a good question. It had never crossed my mind!

控えめに言って…だ、…なんてもんじゃない:

To say...is an understatement.

To say I'm scared is an understatement.

控えめに言って恐怖しかない (怖いなんてもんじゃない)。

💡 発想のポイント

To say...is an understatement. は「控えめに言って…だ、…なんてもんじゃない」の意味で、よく使う表現です。understatement が「控えめに言うこと」を表し、日本語と同じようなニュアンスになります。

🎵 15秒音声トレ!

To say I'm scared is an understatement.

いい気はしない:

I don't feel good about ~

I don't feel good about what I'm seeing at all.

こういうの (状況・他人の言動など) は全くいい気がしないな。

💡 発想のポイント

直訳は「〜について良く思わない」で、日本語とほぼ同じ発想です。

🎵 15秒音声トレ!

I don't feel good about what I'm seeing at all.

(皆が)言うほど良くはない:

not what it's cracked up to be

Dating older men isn't what it's cracked up to be.

年上の男と付き合うのって (世間で) 言うほどいいもんじゃない。

💡 発想のポイント

たいてい否定の形で使用されます。「(世の中で・皆が) 言うほどいいもんじゃない」「〜ってそこまでいいものなのかなあ?」のような疑問を投げかけるときに使います。

🎵 15秒音声トレ!

Dating older men isn't what it's cracked up to be.

これ、なぜか覚えられない！：
I keep forgetting ~

I'm taking the TOEIC tomorrow, but I keep forgetting these expressions!

明日 TOEIC を受験するのに、これらの表現がなぜか覚えられない！

💡 発想のポイント

感情とともに思わず口から出る表現。直訳は「私は〜を忘れ続けている！」です。日本語からは思いつきにくい発想なので、音読して使えるようにしましょう。

🎵 15 秒音声トレ！

I'm taking the TOEIC tomorrow, but I keep forgetting these expressions!

名前と顔が一致しない：
I recognize ~, but I can't remember *one*'s name.

The thing is, I do recognize them, but I can't remember their names.

何が困るかって、彼らの名前と顔が一致しないことなんだ。

💡 発想のポイント

直訳は「見た目（顔）は認識できるけれど、名前を思い出せない」です。まさに「名前と顔が一致しない」のニュアンスになります。

🎵 15 秒音声トレ！

The thing is, I do recognize them, but I can't remember their names.

方向感覚が全くない：

I need a map to reach the fridge.

Don't ask me how to get there. I need a map to reach the fridge!

そこへの行き方を私には聞かないで。私って方向感覚が全然ないの！

💡 発想のポイント

ジョークを交えた楽しい表現です。直訳は「冷蔵庫にたどり着くのにも地図が要る」という意味。I have no sense of direction. という定番表現を覚えるだけでなく、このように英語で遊んでみましょう。

🎵 15秒音声トレ！

Don't ask me how to get there. I need a map to reach the fridge!

飽きっぽい、飽き性だ、三日坊主：

Nothing keeps me entertained.

Nothing keeps me entertained, and it's not my fault.

飽きっぽいのは自分のせいじゃない。

💡 発想のポイント

英語的な**無生物主語**の発想です。直訳は「何も私を楽しませ続けてくれない」で、「飽きっぽい」というニュアンスに。Nothing keeps me entertained like ~. (〜だけは飽きずにやれる) という表現もよく使います。081 の keep myself entertained と比べてみましょう。

🎵 15秒音声トレ！

Nothing keeps me entertained, and it's not my fault.

世間話の達人になるには

　皆さんは、日々時間を作っては英語の習得に取り組まれていると思います。世間ではそれを努力と呼ぶのでしょう。そして「努力しよう」と意識したとき、人はたいていその成果を実践で試そうとするものです。

　そんなときによくあるのが、「努力で身につけた知識をすべて出し切ろう！」と思って「力み」が発生してしまい、失敗してしまうことです。

　この「努力を集大成したい！」という気持ちによる「力み（つい能力の限界を試したくなる欲求）」の典型的なパターンとして、次のようなものがあります。

- できるだけ難しい言葉を使おうとしてしまう
- 一文をできるだけ複雑で長くしようとする
- 一語でも単語を忘れるとパニックになる
- 単語や表現を忘れることが怖くなり、常にプレッシャーを感じる

　冷静になって考えれば、こんな話し方をする人とはあまり会話したくないですよね。というのも、これでは「話し相手の表情、気持ち、考え方」に意識を向ける余裕などないでしょうから。

　そして人間の会話の大半は、トピックを問わず「気楽な世間話」

であって、「難しい抽象的な語彙や知識の多さの競い合い」ではないはずです。

　そう、人はたいてい気楽に楽しく言葉を使ってコミュニケーションしたいという欲求を持っているのです。そのトピックがたとえ、科学や政治などのニュースであっても、一般人が日常で話すときには、互いがよく使う単語を使い回して快適で気軽に話しています。

　これは、私たち自身の日本語を見れば自明ですね。だからこそ、最初は「**誰もが知っている基本的な単語を極限まで使い回す**」ことが大切です。私が本書で基本語を中心とした表現を集めたのも、これが理由なのです。

3

日常の思いをすべて伝える

～に取り組む、～を頑張る：work on ~

I'm **working on** my weaknesses to the best of my ability, and I hope my loved ones will realize that at some point.

自分の弱さを克服しようと全力で取り組んでいて、いつかそれを大事な人にも気づいてほしい。

💡 発想のポイント

会話でよく使う、とても便利な表現です。「～に（ねばり強く）取り組む」の意味で、仕事・プライベートを問わず、あらゆる場面で使えます。必ず覚えておきましょう。

🎵 15秒音声トレ！

I'm working on my weaknesses to the best of my ability, and I hope my loved ones will realize that at some point.

□□□ …と書いてある、表示されている：say
110

The map on the app says we should go straight, but the sign on the street says we need to go left.

アプリのマップには真っすぐに行けとあるけど、路上の標識には左へ行けって書いてある。

💡 発想のポイント

無生物主語の発想を学べる最適の表現。本や記事が主語でも同じように The book says... や This article says... で「この本・記事には…と書いてある」という意味になります。

🎵 15秒音声トレ！

The map on the app says we should go straight, but the sign on the street says we need to go left.

□□□ 工夫する：become more creative
111

Things are about to get worse, and we need to become more creative to survive during these tough times.

世の中は悪い方に向かっているし、私たちはもっと工夫して、この大変な時代を生き延びないといけない。

💡 発想のポイント

訳しにくい「工夫する」という日本語は、become more creative（より創造的になる）と考えるとよいでしょう。

🎵 15秒音声トレ！

Things are about to get worse, and we need to become more creative to survive during these tough times.

〜を見守る、気にかける：care about 〜

Please know there are many people who care about you no matter what you're going through.

君に何があっても、君を気にかけている人がたくさんいることを忘れないでね。

 発想のポイント

care about 〜 はよく使われる表現で「〜を大事に思う、気にする、心配する」の意味。日本語の「気にかける、見守る」のニュアンスに近いです。

♫ 15秒音声トレ！

Please know there are many people who care about you no matter what you're going through.

〜をかまう：pay attention to 〜

Why don't you pay attention to me? I feel unimportant around you.

（少しは）私をかまってくれたらどう？　私なんて取るに足らない存在って感じるわ。

 発想のポイント

「〜をかまう」は「〜に注意を向ける」ととらえ、pay attention to 〜 を使うと意図を伝えられます。また、I feel unimportant は直訳すると「私は重要ではないと感じる」で、転じて「私なんて取るに足らない存在だと感じる」というニュアンスになります。

♫ 15秒音声トレ！

Why don't you pay attention to me? I feel unimportant around you.

（試しにちょっと）**〜をやってみる、〜に挑戦する：**

have a go at ~

I love tomato-based pastas. They're easy and delicious! I want to **have a go at** making my own pasta at some point.

トマトベースのパスタが大好きなんだ。簡単に作れておいしいからね。近いうちに自分でもトライしてみたいな。

💡 **発想のポイント**

「〜をやってみる」というと try を思いつきがちですが、have a go も非常によく使われます。「ちょっとやってみる」というカジュアルな雰囲気を出せます。

♪ **15 秒音声トレ！**

I love tomato-based pastas. They're easy and delicious! I want to have a go at making my own pasta at some point.

つい〜してしまう：tend to *do*

It might sound kind of sad, but I usually **tend to** handle things by myself, and I can never seem to try and ask for help.

ちょっと悲しいけど、つい何でも自分一人で対処してしまうし、他人に助けを求めることなんて全くできそうにない。

💡 **発想のポイント**

tend to *do* は「〜する傾向にある」という意味でおなじみですが、人間のさが・性分として「つい〜してしまう」というニュアンスでも多用します。

♪ **15 秒音声トレ！**

It might sound kind of sad, but I usually tend to handle things by myself, and I can never seem to try and ask for help.

プラスになる、役に立つ：
make a difference

I'm glad to hear you're practicing English pronunciation. I promise you it'll **make a** huge **difference** down the road.

君が英語の発音練習をしているならよかった。長い目で見れば、確実にすごくプラスになるからね。

💡 発想のポイント

直訳すると「違いを生む」。「プラスになる、役に立つ、効果がある」という意味で非常によく使われます。down the road は「将来」の意味。

🎵 15秒音声トレ！

I'm glad to hear you're practicing English pronunciation. I promise you it'll make a huge difference down the road.

大したことない、気にならない：
It doesn't make any difference.

People make a big deal out of it, but **it doesn't make any difference** to me.

皆大げさにそのことを騒いでるけど、自分的には全然大したことはない。

💡 発想のポイント

「何の変化も起きない」という意味で、「どうでもいい、何ともない、効果がない」といった日本語に対応。With or without labels, it doesn't make any difference in our relationship.（〔彼氏・彼女、結婚しているなどの〕ラベルがあろうがなかろうが、私たちの関係には大した影響なんてない）といった使い方もできます。

🎵 15秒音声トレ！

People make a big deal out of it, but it doesn't make any difference to me.

〜につけこむ：take advantage of 〜

Scammers **take advantage of** the guilt you're feeling.

詐欺師は君が感じている罪悪感につけこんでくるんだ。

💡 発想のポイント

take advantage of 〜 は「〜を活用する、活かす、巧みに使う」というポジティブな意味だけではなく、「〔弱い立場の・お人好しな・無知な〕（人など）につけこむ、〜をだます」というネガティブな文脈でもよく使われます。

🎵 15秒音声トレ！

Scammers take advantage of the guilt you're feeling.

心のスキマにつけこむ、取り入る：

take advantage of *one*'s weaknesses

Watch out for con artists. They know exactly what to do to **take advantage of your weaknesses**.

詐欺師に気をつけろよ。奴らは人の心のスキマ（弱さ）につけこむすべを知り尽くしてる。

💡 発想のポイント

take advantage of 〜 を使った表現をさらに見ていきましょう。weakness は力や体の強弱だけではなく、心の弱さや弱点も意味します。con artist は、118に出てきた scammer と同じく「詐欺師」のことです。

🎵 15秒音声トレ！

Watch out for con artists. They know exactly what to do to take advantage of your weaknesses.

やりがい詐欺：

take advantage of *one*'s passion

Those schools are taking advantage of the teachers' passion, which is terribly exploitative.

ああいう学校は教員へのやりがい詐欺をしているし、それがひどい搾取になっている。

💡 発想のポイント

直訳は「〜の熱意（情熱）につけこむ」となり、「やりがい詐欺」のニュアンスを表現できます。exploitative は「搾取的な、（利己的な）利用の」という意味です。

🎵 15秒音声トレ！

Those schools are taking advantage of the teachers' passion, which is terribly exploitative.

どさくさ紛れに（〜する）：

take advantage of the confusion

You can't do stuff like that by taking advantage of the confusion.

どさくさ紛れにそんなことをしてはダメだよ。

💡 発想のポイント

「どさくさを利用する、混乱につけこむ」という意味になります。また、in the confusion of the moment は「どさくさの中で」を表し、同じニュアンスで使用できます。

🎵 15秒音声トレ！

You can't do stuff like that by taking advantage of the confusion.

足元を見る：
take unfair advantage of ~

People will take unfair advantage of you for as long as you let them.

何もしなければずっと足元を見られ続けるぞ。

 発想のポイント

unfair advantage には「不当な優位性」という意味があり、「足元を見る」のニュアンスに近づくことができます。カジュアルな会話では、That's not fair! だけでも、同じ意味を瞬時に、そして十分に伝えられることも覚えておきましょう。

♩ 15秒音声トレ！

People will take unfair advantage of you for as long as you let them.

～を力に変える、活かす：
use ~ to one's advantage

It's okay to be jealous, but make sure you use that energy to your advantage.

嫉妬したっていい、だがそのエネルギーを力に変えることを忘れてはいけない。

 発想のポイント

「～を（自分の）利益・長所・強みに変える」というイメージです。You should use it to your advantage!（それを活かせばいいじゃん！）と相手を勇気づけるときにも使えます。

♩ 15秒音声トレ！

It's okay to be jealous, but make sure you use that energy to your advantage.

後ろ髪を引かれる、いやいややめる：

tear *oneself* away

I tore myself away from *Zelda* to finish up my essay.

論文を書き上げるために、後ろ髪を引かれる思いで「ゼルダ」を中断した。

💡 発想のポイント

tear は「引き裂く」という意味で知られています。ここでは、「(愛する人・好きな物事から)自分を引き裂く➡ためらう気持ちを振り切って去る」というニュアンスになります。

🎵 15 秒音声トレ！

I tore myself away from *Zelda* to finish up my essay.

ボーっとする、意識を失いそうになる：

zone out

A：Are you tired?
B：Nah, I was just **zoning out**, I guess.

A：しんどいの？
B：いや、ボーっとしてたみたい。

💡 発想のポイント

「心ここにあらず」のようなニュアンス。I was zoning out. と I was zoned out. のどちらの形も、「(私は)ボーっとしていた」という意味で使われます。

🎵 15 秒音声トレ！

A：Are you tired?

B：Nah, I was just zoning out, I guess.

気を抜く、だらける、サボる、手を抜く： slack off

Hard work really pays off one way or another, so don't ever **slack off**!

真剣な努力は何らかの形で報われるものだから、決してだらけてはいけないぞ！

💡 発想のポイント

形容詞 slack は「たるんだ、怠慢な」を意味し、句動詞 slack off だと「だらける、手を抜く➡気を抜く」というニュアンスになります。「だらける」というと lazy や careless といった単語を思い浮かべるかもしれませんが、slack off も非常によく使われ、〈主語＋動詞〉の発想を身につけられます。

🎵 15秒音声トレ！

Hard work really pays off one way or another, so don't ever slack off!

サボり癖がつく： start skipping ～

If you **start skipping** the hard tasks, you're never going to learn anything.

サボり癖がつき始めると何も学ばなくなる。

（直訳：きついタスクを避け始めると、何も学ばなくなってしまう。）

💡 発想のポイント

start skipping ～ で、「～をサボり始める➡サボり癖がつく」というニュアンスを簡単に表現できます。英語らしい**無生物主語**の感覚をつかみましょう。また、ここでの you は「一般的な話をするときの you」で、本書の例文にも頻出の用法です。343 で詳しく説明しています。

🎵 15秒音声トレ！

If you start skipping the hard tasks, you're never going to learn anything.

〜を敵に回す：offend

It doesn't pay to offend your boss unless you're ready to leave the company.

会社を辞めるつもりじゃないなら、上司を敵に回すのは得策じゃないぞ。

💡 発想のポイント

「〜を敵に回す」にはさまざまな英語が考えられますが、最も使いやすく便利なのは offend（〜を怒らせる、〜の気分を害する）です。また、この pay は「割に合う」という意味で、否定文だと「割に合わない、得策ではない」というニュアンスになります。

🎵 15秒音声トレ！

It doesn't pay to offend your boss unless you're ready to leave the company.

世に出る、人目に触れる：get out there

Your work needs to get out there, and there are a lot of people who will support you.

君の仕事は世に出るべきだよ。支持してくれる人だってたくさんいるよ。

💡 発想のポイント

人・物を問わず「世に出る、人目に触れる」は get out there を使うのが便利です。「外の世界に出ていく」イメージですね。

🎵 15秒音声トレ！

Your work needs to get out there, and there are a lot of people who will support you.

目につく、目を引く：
capture *one*'s attention

I was in one of those moods where nothing was capturing my attention.

あんまり気乗りしていなくて、何も目を引くものはなかったよ。

💡 **発想のポイント**

直訳は「〜が私の注意・意識をとらえる」。英語的な**無生物主語**が使われていることに注目しましょう。「流れ星を見ちゃった」であれば、A shooting star captured my attention. となります。

🎵 15 秒音声トレ！

I was in one of those moods where nothing was capturing my attention.

〜に良く思われようとする：
try to impress

Stop trying to impress women, especially when out on dates. Just be yourself and be comfortable in your own skin.

特にデートに行くときは、女性に良く思われようとして無理するなよ。とにかく無理せずに自然体でいくんだ。

💡 **発想のポイント**

「好印象を与えようとする、すごいと思われようとする」という日本語にも対応できます。「良く思われる、好印象を与える」を make a good impression とするのもアリですが、impress という動詞が使えると発想の幅が広がります。

🎵 15 秒音声トレ！

Stop trying to impress women, especially when out on dates. Just be yourself and be comfortable in your own skin.

（社会や場所に）とけこむ、なじむ：blend in

I'm a minority here and look different, and I find it difficult to blend in. I kind of feel lost.

私はここではマイノリティーで見た目も違ってて、とけこむのに苦労してる。ちょっと途方に暮れている感じです。

💡 発想のポイント

blend in には「混じり合う、とけ合う、調和する」といった意味があり、「とけこむ、なじむ」という日本語とほぼ完全な互換性があります。

🎵 15秒音声トレ！

I'm a minority here and look different, and I find it difficult to blend in. I kind of feel lost.

しっかりと理解する、考える：let it sink in

It's pretty serious, so I need some time to let it sink in.

けっこう真剣な話だから、じっくり考えたい。

💡 発想のポイント

直訳は「それを沈み込ませる」、つまり「時間をかけてしっかりと理解する、考える」という意味になります。思いつきにくい let と it（無生物）が組み合わさっているので、難しいと感じるかもしれません。何度も音読して瞬時に口に出せるようにしたい表現です。

🎵 15秒音声トレ！

It's pretty serious, so I need some time to let it sink in.

凡ミス、やらかし：avoidable errors

I can't believe I made so many avoidable errors!

凡ミスをあんなにたくさんしたなんて信じられない！

💡 発想のポイント

「凡ミス」は「避けることができる（はずの）ミス」と考えましょう。テストで取れるはずの問題を落としたときの様子をよく表せる表現です。

🎵 15秒音声トレ！

I can't believe I made so many avoidable errors!

□□□ 顔が利く：have influence
135

That guy has a lot of influence in this industry, so I'd better turn on the charm.

あの人はこの業界ですごく顔が利くから、愛想良くしておいた方がよさそうだ。

💡 発想のポイント

直訳は「影響力がある」で、「顔が利く」というニュアンスを表現できます。また、turn on the charm は「（意図的に・急にスイッチを入れるように）愛想を良くする」という意味です。

🎵 15秒音声トレ！

That guy has a lot of influence in this industry, so I'd better turn on the charm.

□□□ 悪友：have/be a bad influence（on ~）
136

As my dad would probably say, "He's a bad influence," and he's really making me want to get a lip piercing.

お父さんが「あいつは悪友だ」とか言いそうな彼のせいで、私もめっちゃリップピアスをしたくなってる。

💡 発想のポイント

「（私に）悪い影響となっている➡一緒にいてろくなことがない友達」という発想です。have/be a bad influence on me という表現は、決まり文句のようによく使われています。

🎵 15秒音声トレ！

As my dad would probably say, "He's a bad influence," and he's really making me want to get a lip piercing.

習慣・生活の一部：a part of *one*'s life

Hard training becomes a part of your life sooner or later.

キツい練習も、いつかは生活の一部になってしまうものだ。

💡 発想のポイント

「習慣」と聞いてすぐに habit や custom と結びつけるのではなく、別の表現を考えてみましょう。a part of *one*'s life を使うと、「何の変哲もない生活の一つにすぎない」というニュアンスになります。重要度を強調したいなら、part の前に important や big をつけるといいでしょう。

🎵 15秒音声トレ！

Hard training becomes a part of your life sooner or later.

しがらみ、（面倒な）人間関係、大人の事情：politics

There's so much politics that I have no idea what's happening anymore or who's plotting against who.

あまりにも人間関係のしがらみが多すぎて、実際の状況や、誰が誰を陥れようとしているかなんてわかったもんじゃない。

💡 発想のポイント

politics は「政治」だけでなく、「（組織内での）権力闘争、人間間の権力の力学」といったニュアンスもあります。273 の for political reasons（大人の事情で）と同じイメージで考えるといいでしょう。plot against ~ は「~に陰謀を企てる」という意味です。

🎵 15秒音声トレ！

There's so much politics that I have no idea what's happening anymore or who's plotting against who.

しがらみ：(emotional) baggage

People who have toxic parents in particular carry a lot of (emotional) baggage.

毒親がいる人は、特に大変なしがらみの中で生きている。

 発想のポイント

baggage はもともと「手荷物」の意味ですが、日本語の「お荷物＝面倒な物事、しがらみ」とほぼ同じニュアンスになります。この意味では luggage は使えないので注意しましょう。

♪ 15 秒音声トレ！

People who have toxic parents in particular carry a lot of (emotional) baggage.

八つ当たりの対象、感情のはけ口：emotional punching bag

I'm getting really tired of being an emotional punching bag for those closest to me. I've had it.

身近な人たちの八つ当たりの対象になることに、もう耐えられない。これ以上はムリ。

発想のポイント

emotional punching bag とは「感情のサンドバッグ」のことで、英語でも日本語でも発想は似通っています。

♪ 15 秒音声トレ！

I'm getting really tired of being an emotional punching bag for those closest to me. I've had it.

先入観：preconception

Let's break away from the preconception that we Japanese are shy. It's just that English sounds are hard for us to hear.

私たち日本人がシャイだという先入観は捨てようよ。実際は英語の音が聞き取りにくいというだけの話だから。

💡 発想のポイント

「先入観、思い込み」という意味で、スペルが長く難単語のように見えますが、日常的に非常によく使われます。Kids pick up a new language quickly as they have no preconceptions. (子供は先入観がないから、新たな言語を覚えるのが早い)のような使い方もよく見られます。

🎵 15秒音声トレ！

Let's break away from the preconception that we Japanese are shy. It's just that English sounds are hard for us to hear.

～観が変わる、～を見る目が変わる：

look at ~ differently

Now I look at life differently.

今は人生観が変わったんです。

💡 発想のポイント

「～観が変わる」という難訳語もこれで十分です。「物事を見る目が変わった」ならI look at things differently.、「彼を見る目が変わった」であれば They look at him differently. と応用しましょう。

🎵 15秒音声トレ！

Now I look at life differently.

独学する：teach *oneself*

I've **taught myself** to speak English fluently since no teacher at school was able to do it.

英語を流ちょうに話すために独学しました。というのも、学校ではそれができる先生がいなかったので。

💡 発想のポイント

by myself や on my own を思いつきがちですが、**one**self 系で言えるようにすると発想が広がります。「teach myself English ＝英語を独学する」と覚えておくとよいでしょう。

🎵 15秒音声トレ！

I've taught myself to speak English fluently since no teacher at school was able to do it.

（～を）取りつくろう：

finesse *oneself* out of ~

I was trying too hard to impress her, and I made a promise I can't keep. There's no way I can **finesse myself out of** it.

あの子に良く思われようとして、守れない約束をしてしまった。もはや取りつくろうことは不可能だ。

💡 発想のポイント

finesse には「手際よく解決する」という意味があり、よく使われます。finesse *one*self out of ~ で「～を取りつくろう」のニュアンスを表現できます。

🎵 15秒音声トレ！

I was trying too hard to impress her, and I made a promise I can't keep. There's no way I can finesse myself out of it.

(…について)～を詰める： grill ～（on …）

I think I'm going to grill that guy on this.

この件であいつを詰めてやるつもりだ。

💡 発想のポイント

直訳は「あいつを火あぶりにする」ですが、転じて「あいつを問い詰める」という意味で使われます。日本語の「(問い) 詰める」のニュアンスを再現するのに最適な表現です。

🎵 15秒音声トレ！

I think I'm going to grill that guy on this.

身についている、癖になっている：

second nature

I guess it's second nature for me to fake a smile when I can't catch what's being said in English.

英語で話が聞き取れないと、作り笑いをするのが癖になっている。

💡 発想のポイント

「第二の天性、後天的に身についた物」という意味で、「たくさん経験・練習し、完全に身についていて、自然に行動に出てしまう」というニュアンスです。「マスターしている、板についている、モノにしている」といった日本語にも相当します。

🎵 15秒音声トレ！

I guess it's second nature for me to fake a smile when I can't catch what's being said in English.

善戦する、意地を見せる、存在感を示す①：
hold *one*'s own

The results didn't go my way, but I **held my own** against my opponents.

結果は出なかったけど、対戦相手に対して存在感は示したと思う。

💡 発想のポイント

直訳は「自分自身を支える」で、「自分なりにしっかりやる」という意味に。I can hold my own. と言えば、「自分を支えられる ➡ (それなりに) 自信はある」というニュアンスになります。

🎵 15秒音声トレ!

The results didn't go my way, but I held my own against my opponents.

- -

善戦する、意地を見せる、存在感を示す②：
stand *one*'s ground

My colleague **stood his ground** well against our boss's irrational order in the meeting.

同僚は会議での上司の理不尽な命令に対し、一歩も退かなかった。
(別訳：同僚は会議での上司の理不尽な命令に対し、〔意地を見せて〕存在感を示した。)

💡 発想のポイント

「(脅迫・反対などを受けても) 自分の立場を固守・堅持する、一歩も引かない」というニュアンスです。irrational は「不合理な、理不尽な」という意味。

🎵 15秒音声トレ!

My colleague stood his ground well against our boss's irrational order in the meeting.

□□□ (〜の)足がつく：track 〜 down
148

The police can **track** you **down** for harassing someone on social media.

SNS で誰かに嫌がらせをすれば、警察にバレて足がつくものだよ。

💡 発想のポイント

「足がつく」は「(警察などが) 見つけて逮捕できる」と解釈しましょう。025 で説明したように、SNS は英語では social media と言います。

🎵 15秒音声トレ！

The police can track you down for harassing someone on social media.

□□□ 泳がせる、注視する、経過を追う：
149

keep track

Let's **keep track** and see if he ever does anything that's against the law.

あいつを泳がせて、違法行為をするかどうか見極めよう。

💡 発想のポイント

keep track は「注視する、経過を追う」を表し、「(捜査・調査などで)犯人や対象者を "泳がせる"」という意味でも使うことができます。

🎵 15秒音声トレ！

Let's keep track and see if he ever does anything that's against the law.

胸のつかえが取れる、憂さを晴らす：

get ~ out of *one's* system

I always wanted to change jobs. Now I'm glad I've **got** it **out of my system**.

ずっと転職したかったんだ。ついに胸のつかえが取れたよ。

💡 発想のポイント

心配事や悩み事などを「頭の中から取り除く」「イヤな気分を吹き飛ばす」「ストレスを解消する」イメージ。タバコやお酒をやめて、体から「抜く」という意味でも使います。

🎵 15秒音声トレ！

I always wanted to change jobs. Now I'm glad I've got it out of my system.

～と関わり合いになる：

get mixed up with ~

If you **get mixed up with** such people, eventually you'll pay the price.

ああいう人たちと関わり合いになると、いずれひどい目にあうぞ。

💡 発想のポイント

直訳は「～と混ざり合った状態になる」で、転じて「（人間関係・恋愛などで）～と関わり合いを持つ」という意味に。また get mixed up in ~ で「～に関わる、巻き込まれる、首を突っ込む、手を染める」となり、in の後には悪事や不正行為がよくきます。

🎵 15秒音声トレ！

If you get mixed up with such people, eventually you'll pay the price.

関わり合いにならない、放っておく：
stay out of it

I personally think what they did was wrong, but that's their problem, and I'd better **stay out of it**.

個人的には彼らのしたことは間違いだと思うけど、それは私の問題じゃないし、関わり合いにならないでおきたい。

💡 発想のポイント

ここでの it は「自分が置かれている "状況"」ととらえましょう。ネイティブや熟練者は、この it を半ば無意識に口に出しています。

🎵 15秒音声トレ！

I personally think what they did was wrong, but that's their problem, and I'd better stay out of it.

トントンになる：break even

I finally hit a bonus on this game, and I managed to **break even**.

このゲームでやっとボーナスが出て、何とか（金額・スコアなどの損得が）トントンになった。

💡 発想のポイント

even は「釣り合いが取れた」状態を指し、break even で「収支が合う、トントンになる」という意味になります。

🎵 15秒音声トレ！

I finally hit a bonus on this game, and I managed to break even.

ピンとくる（思い出す、心当たりがある）①：
ring a bell

Her name rings a bell, but I don't think I've met her.

その人の名前は聞いたことがある気がするけど、会ったことないんじゃないかなぁ。

💡 発想のポイント

直訳は「彼女の名前がベルを鳴らす」で、「ベルの音で記憶がよみがえる」イメージ。「それ、聞いたことある気がする」というニュアンスに。日常会話では、Does it ring a bell?（これを見たら・聞いたら、思い出した？）/Does that ring any bells?（これ、何か心当たりない？）と質問し、No it doesn't.（心当たりはないなぁ）/Yes, it does.（ピンときた！）のように使われます。

🎵 15秒音声トレ！

Her name rings a bell, but I don't think I've met her.

- -

ピンとくる（しっくりする、感覚に合う）②：
feel (just) right/perfect

Everything feels just right to me... It's enough and not too much.

自分的にはいろいろすべてがしっくりきてる…必要にして十分です。

💡 発想のポイント

just を追加するとより「しっくり」した感じが出ます。

🎵 15秒音声トレ！

Everything feels just right to me... It's enough and not too much.

ゴネ得：win in a screaming contest

She always gets what she wants because she always wins in screaming contests.

彼女はいつもゴネ得している。

💡 発想のポイント

直訳は「彼女はいつも絶叫コンテストで勝つから、常に欲しい物を手に入れる」。つまりは、「一番大声で叫んだもの勝ち」というイメージです。

🎵 15秒音声トレ！

She always gets what she wants because she always wins in screaming contests.

深く関わりすぎない、仲良くなりすぎない：keep it superficial

Human relationships are tricky. People aren't always on the same emotional wavelength, and you should keep it superficial with such people.

人間関係って面倒だ。波長が合わない人もいるし、そういう人とは関わりすぎない方がいい。

💡 発想のポイント

「深く」と聞くと deep を使いたくなりますが、superficial を使って「表面的にする➡深く関わりすぎない」という意図を明確にするといいでしょう。be on the same wavelength で「波長・考え方が合う」という意味。

🎵 15秒音声トレ！

Human relationships are tricky. People aren't always on the same emotional wavelength, and you should keep it superficial with such people.

元を取る①：

I can get my money's worth.

One thing about me is I often say, "No ice," when ordering a drink so I can get my money's worth. Then I order a cup of ice.

自分の抜けてるところなんだけど、少しでも元を取ろうとして「氷なし」ってオーダーした後に、結局氷を別に買うことになるんだよね。

💡 発想のポイント

「元を取る」は価値を意味する worth を使い、can get *one*'s money's worth と表すのが一般的。「元が取れない」なら can't get ~ とするだけで表現できます。

🎵 15 秒音声トレ！

One thing about me is I often say, "No ice," when ordering a drink so I can get my money's worth. Then I order a cup of ice.

- -

元を取る②：pay for *oneself*

The cost of the card is $15, and if you use it once, it pays for itself!

このカード自体の値段は 15 ドルですが、一度でも使用すれば元が取れるんです！

💡 発想のポイント

〈無生物主語＋ *one*self〉の英語らしい表現です。直訳は「それがそれ自体のコストを払う」で、転じて「（使っている間に）元が取れる」という意味になります。

🎵 15 秒音声トレ！

The cost of the card is $15, and if you use it once, it pays for itself!

～は体質に合わない、(お酒が)飲めない体質だ:

not agree with me

Alcohol doesn't agree with me... I wish it did, though.

お酒が飲めない体質なんです…飲めればいいとは思うのですが。

💡 発想のポイント

英語的な発想の**無生物主語**です。直訳は「～が私に同意しない」で、「(体質的に～が)飲めない、食べられない」という意味になります。また、文末に置く〈..., though〉は「…だけどね」というニュアンスになります。

🎵 15秒音声トレ!

Alcohol doesn't agree with me... I wish it did, though.

うすうす気づいている:

know ~ deep down

I think I always knew it deep down but kept making excuses to cover the fact up.

それにうすうす気づいてはいたけど、その事実から目を背けて言い訳ばかりを考えていた。

💡 発想のポイント

直訳は「心の奥底では知っている」となり、「うすうす気づいている」のニュアンスを表せます。

🎵 15秒音声トレ!

I think I always knew it deep down but kept making excuses to cover the fact up.

オウンゴール、ブーメラン：
do *one*self a disservice

They're doing themselves a disservice and asking for trouble.

彼らはオウンゴールして、損ばかりしている。

💡 発想のポイント

直訳すると「自分自身に危害（disservice）を加える」となります。自分に害が戻ってくるところから、比喩的な「オウンゴール、ブーメラン（自業自得）」のニュアンスを表しています。

🎵 15秒音声トレ！

They're doing themselves a disservice and asking for trouble.

正しく恐れる：
fear ～ in an appropriate manner

Instead of just panicking, I think we should fear this infectious disease **in an appropriate manner**.

ただパニックになるのではなく、この感染症については正しく恐れるべきだと思う。

💡 発想のポイント

直訳は「適切な方法で～を恐れる」。つまり、大きな危機に対して過度に恐れるのではなく、理性的に対策を講じるということなので、「正しく恐れる」のニュアンスに迫ることができます。

🎵 15秒音声トレ！

Instead of just panicking, I think we should fear this infectious disease in an appropriate manner.

相いれない、両立できない、水と油①：
mutually exclusive

Whatever others may say, my experience tells me friendship and romantic love are **mutually exclusive**.

誰が何と言おうと、経験的に友情と恋愛は両立できないと思っている。

💡 発想のポイント

直訳は「相互排他的な」ですが、「両立できない、並び立たない」という日本語に相当することを押さえておきましょう。

🎵 15秒音声トレ！

Whatever others may say, my experience tells me friendship and romantic love are mutually exclusive.

相いれない、両立できない、水と油②：
totally incompatible

They always end up yelling at each other. I guess they're just **totally incompatible**.

あいつらは結局いつも怒鳴り合いになってしまうね。まぁ水と油ってことなんだろう。

💡 発想のポイント

直訳は「まったくうまが合わない」で、「相いれない、水と油、相性が最悪」などの日本語に対応できます。また、英語でも Those two are like oil and water.（あの2人はまるで水と油だね）と比喩的に言うことがあります。

🎵 15秒音声トレ！

They always end up yelling at each other. I guess they're just totally incompatible.

食い気味に：
slightly interrupting

He said that, slightly interrupting me.

ちょっと食い気味に、奴がそう言ってきたんだ。

💡 発想のポイント

スラングである「食い気味に」は行動自体に注目しましょう。slightly
interrupting me（少しだけ私をさえぎりながら）でニュアンスは伝わります。

🎵 15 秒音声トレ！
He said that, slightly interrupting me.

ぼちぼち、したりしなかったり：
on and off

**They've been dating on and off for about two years.
I think they're getting more serious now, though.**

彼らは 2 年ほど付き合ったり別れたりを繰り返している。そろそろ真剣にな
ってるみたいだけどね。

💡 発想のポイント

on and off は「ときどき、断続的に」という意味で、途切れ途切れに何かをする
様子を表します。off and on でも同じ意味になります。

🎵 15 秒音声トレ！
They've been dating on and off for about two years. I think they're
getting more serious now, though.

キナ臭い： not exactly peaceful

It's **not exactly peaceful** here in this office now, but it's still not as bad as it used to be for sure.

このオフィスではいろいろキナ臭いことになっているけど、以前ほどひどい状況じゃないことは間違いない。

💡 発想のポイント

「キナ臭い」には、「戦争・事件などが起こりそうな雰囲気」「(空気・雰囲気が)ギスギスしている」「何となく怪しい」などの意味があります。not exactly peaceful (平和という感じではない) と表現すると、簡単に「キナ臭い」のニュアンスを表現できます。

🎵 15秒音声トレ！

It's not exactly peaceful here in this office now, but it's still not as bad as it used to be for sure.

ベクトルは違うけど：

in a different context (, but/though...)

It was **in a different context, but** I've experienced something similar.

ベクトルは違ったけど、よく似た経験をしたことがあるよ。

💡 発想のポイント

ここでの比喩的な「"ベクトル"の違い」は、「文脈 (context) の違い」と解釈しましょう。また、同じような意味で from a different perspective (違った視点から) という表現も使用できます。

🎵 15秒音声トレ！

It was in a different context, but I've experienced something similar.

物心つく前から：
before I can remember

Looking back, I've always known her. I mean, I met her before I can remember.

振り返ってみれば、彼女はいつもそこにいた…というか、物心つく前に出会っていた。

💡 発想のポイント

「物心つく前から」は、「（自分が）記憶しているより前に」と解釈すればよいでしょう。誰もが知っている単語の組み合わせで表現できます。

🎵 15秒音声トレ！

Looking back, I've always known her. I mean, I met her before I can remember.

当人たちにしかわからない：
only the ones involved know

Only the ones involved know what was happening there at that time.

その時そこで何が起こっていたかを知っているのは、当人たちだけだ。

💡 発想のポイント

直訳は「関わっている者たちだけが（〜を）知っている」。the ones involved は「関係者たち」を表しています。

🎵 15秒音声トレ！

Only the ones involved know what was happening there at that time.

～とよりを戻す： get back with ～

I really hope she won't **get back with** her ex-boyfriend.

あの子が元カレとよりを戻さないように本気で願ってる。

 発想のポイント

直訳的に「～と元に戻る」という理解で大丈夫。また主語を We や They にして、They got back together.（彼らはよりを戻した）という表現も可能です。

🎵 **15秒音声トレ！**

I really hope she won't get back with her ex-boyfriend.

～に仕返しする、～を見返す：
get back at ～

I want to have a successful career to **get back at** my high school classmates that made fun of me for trying really hard.

努力していたことをからかってきた高校時代の同級生を見返すために、出世したいと思っている。

 発想のポイント

前置詞 at には攻撃の対象を表す場合があり、get/come at ～（～を攻撃する）や run at ～（～に襲い掛かる、飛び掛かる）のように使います。ここから get back at ～ は「～に（報復として）攻撃を加える」というニュアンスになります。また、have a successful career の代わりに get ahead（先んじる➡出世する）を使うこともできます。

🎵 **15秒音声トレ！**

I want to have a successful career to get back at my high school classmates that made fun of me for trying really hard.

現実から目を背ける、見て見ぬふりをする：
be in denial

He's obviously been dumped by his girlfriend, but he**'s in denial**. He needs to face it.

あいつは彼女に思いっきり振られてるんだが、現実を受け入れられないんだな。向き合わないといけないんだけど。

💡 発想のポイント

日常でよく使うのに、英語にしづらい表現の一つです。これは、「denial（否定）の中に引きこもっている＝現実から目を背けている」というイメージで、日本語と英語を結びつけましょう。

♪ 15秒音声トレ！

He's obviously been dumped by his girlfriend, but he's in denial. He needs to face it.

うやむやにする：let it fade（over time）

They're trying to **let it fade over time** by acting like nothing happened.

やつらは何もなかったかのように振る舞うことで、その件をうやむやにするつもりだな。

💡 発想のポイント

直訳は「（時間とともに）衰えさせる」で、転じて「うやむやにする」という意味になります。これで、よく使うのに英語化しにくい表現にも対応することができます。

♪ 15秒音声トレ！

They're trying to let it fade over time by acting like nothing happened.

これはもういらない、これはもう捨てよう：
This has to go.

I'll keep this one, but **this has to go.**
これは残しておくけど、これはもういらない。

💡 発想のポイント

英語的な**無生物主語**の発想です。直訳は「これは去らなければいけない」ですが、「これはもういらない、これはもう捨てよう」というニュアンスになります。

🎵 15秒音声トレ！
I'll keep this one, but this has to go.

これはどこに置きましょうか？：
Where should this go?

A: **Where should this go?**
B: It should stay here.
A: これはどこに置いたらいい？
B: そのままでいいよ。

💡 発想のポイント

これも**無生物主語**です。Where should I put this?と言いたくなりますが、発想を変えましょう。直訳は「これはどこに行くべきですか？」で、「これはどこに置きましょうか？」のニュアンスになります。

🎵 15秒音声トレ！
A: Where should this go?
B: It should stay here.

何の話だったっけ？：
Where were we/was I?

Where were we? I lost my train of thought.

何の話だったっけ？　話のつながりがわからなくなっちゃった。

 発想のポイント

直訳は「私たちはどこにいたっけ？」。何らかの理由で会話が中断され後に、「何の話だったかな？」と話し相手に問うときに使います。会話の脈絡を where という「場所」のイメージにしているところがポイントです。

♪ 15 秒音声トレ！
Where were we? I lost my train of thought.

どうしてこちらに来たのですか？：
What brought you here?

A: **What brought you here?**
B: **I'm just visiting.**

A: どうしてこちらへ？
B: 気まぐれですよ。

発想のポイント

これも**無生物主語**の発想です。直訳は「何があなたをここへ運んだのですか？」で、「どうしてこちらに来たのですか？」というニュアンスになります。

♪ 15 秒音声トレ！
A: What brought you here?
B: I'm just visiting.

3

日常の思いをすべて伝える

ネイティブのように話したければ
「ネイティブの口癖」を

　皆さんは、英語スピーキングの運用力を高めるためにどのようなことをしているでしょうか？　よくある学習メニューは次のようなものです。

- 単語帳で語彙を暗記
- 例文集で英文の暗唱
- 会話テキストで会話文の音読
- 英文記事でリーディング
- 英語ニュースを聞いてリスニング

　このようなメニューをこなしていけば、確かに語彙は増え、英語もある程度は聞き・話せるようにはなることでしょう。

　ですが、あえて言いたいのは、この方法を継続すれば果たして自分が望んだような「自由自在に、流ちょうに、思いを口に出す」という能力が身につくのだろうか、という問いです。

　もし、そうではないとしたら、それは「**努力の方向音痴**」であり、学習メニューに何らかの追加変更が必要になります。

　皆さんは半ば経験的に知っているかも知れませんが、単に知識や語彙を増やしてもそれだけでは会話力は向上しません。

また、私は常に「ミスを恐れずにどんどん話せ」や「英語は流ちょうじゃなくていい」のような実用性のないアドバイスや意見は一切無意味だ、というスタンスでいます。

　せっかく手に入れた知識や語彙は、会話やディスカッションに最適化された「最も効率のよいアウトプット方法」で運用されなければ、時間と努力の無駄になります。

　では、何が必要なのでしょうか？　身につけたいのは「**ネイティブのように話したければ、ネイティブの口癖を最優先して体得する**」という戦略です。彼らがまるで呼吸をするかのように「日常で高い頻度で活用している言い回し」を最優先でマスターすればいいのです。これで、私たちが持っている語彙は「ただ読み、聞き取れる（passive vocabulary）」から「自分で発信することに活用できる（active vocabulary）」に変わってくれるのです。

　言い換えれば、「語彙力や英語の資格試験では突出していないのに会話がとても自然で上手」なタイプの人は、こうした「話し方のスタイル」を無意識に体得している可能性が高いと言えるでしょう。

4

世 間 話 を 楽 し く 英 語 化

□□□
177
良心的な：fair

I love that shop. The prices are always fair there.

本当にいい店だね。価格はいつも良心的だしね。

💡 発想のポイント

「良心的な」を英語にしようとすると、scrupulous や conscientious などの big words（大げさな単語）になりがち。ですが、日常よく使う fair（公正な、妥当な）で十分伝わります。

🎵 15秒音声トレ！

I love that shop. The prices are always fair there.

□□□
178
なれなれしい：too friendly

I hate guys who are too friendly.

なれなれしい男って嫌い！

💡 発想のポイント

「なれなれしい」を直訳することは不可能ですが、「フレンドリーすぎる、異様にフレンドリー」というイメージの too friendly を使えば、ニュアンスに近づくことができます。

🎵 15秒音声トレ！

I hate guys who are too friendly.

透明感のある： pretty and dainty

This dress is wonderful. It's **pretty and dainty**.

このドレスは素晴らしいね。透明感があって。

 発想のポイント

女優さんや美しい衣装などに使われる、比喩としての「透明感」を機械的に transparent（透明な）や translucent（半透明の）と直訳するだけでは不十分。実際に想起される「清楚で可憐なイメージ」を優先し、pretty and dainty（キレイで可憐な）とするとニュアンスが伝わります。

♫ 15 秒音声トレ！

This dress is wonderful. It's pretty and dainty.

すねる、態度で不満を表す、慇懃無礼（いんぎん）： passive-aggressive

I'm sick and tired of her **passive-aggressive** attitude.

彼女のすねたような態度にはうんざりだ。

 発想のポイント

直訳は「受動的攻撃性の」と難解なイメージですが、会話でよく使います。「ハッキリ No と言わず、嫌な態度や言動で相手を攻撃➡すねる、不満を態度で表す」というニュアンス。「わざとらしく丁寧な態度や言葉で不満を表す（＝慇懃無礼）」場合にも使えます。

♫ 15 秒音声トレ！

I'm sick and tired of her passive-aggressive attitude.

4

世間話を楽しく英語化

（感覚などが）ズレている、斜め上：
out of touch with reality

She misunderstands everything I say, and now I think she's just out of touch with reality.

彼女は何を言っても話が通じないし、感覚がズレているんだと思う。

💡 発想のポイント

「ズレている」は「現実離れしている」と考えましょう。これは、「空気が読めない」「勘違いがひどい」「話がかみ合わない」などの日本語も表すことができます。on another wavelength を使い、She's just on another wavelength.（彼女は感覚がズレている、波長が合わない）としてもいいでしょう。

🎵 15秒音声トレ！

She misunderstands everything I say, and now I think she's just out of touch with reality.

ポンコツ：useless

You should be careful, though. I mean, he's useless for sure.

気をつけろよ。あいつはガチでポンコツだから。

💡 発想のポイント

「ポンコツ」とは具体的には「全く使えない」という意味なので、useless で十分です。逆に、役に立つ人材は useful（使える）と表現できます。

🎵 15秒音声トレ！

You should be careful, though. I mean, he's useless for sure.

（気持ちなどが）コロコロ変わる：fluctuate

Her mind kept **fluctuating** between wanting to get married and seeing what it was like to date other men.

結婚したい気持ちとほかの男と付き合うことを天秤にかけて、彼女の気持ちはコロコロ変わり続けた。

💡 発想のポイント

fluctuate には「不規則に変動する」という意味があります。例えば理系の内容で「（数値・データなどが）ばらつく」という意味で使われるだけでなく、変化が目まぐるしいことを表したいときに日常会話でも頻繁に登場します。

♩ 15秒音声トレ！

Her mind kept fluctuating between wanting to get married and seeing what it was like to date other men.

わかりやすい人、お見通し：

(such) an open book

It's so obvious to see what he wants. He's **such an open book.**

彼って何を欲しているかバレバレだよね。本当にわかりやすい人だよ。

💡 発想のポイント

直訳は「開かれた本」で、「中身が丸見え」というイメージ。反対の意味の「得体の知れない人、何を考えているかわからない人」は a closed book と表現できます。

♩ 15秒音声トレ！

It's so obvious to see what he wants. He's such an open book.

渋い、控えめな、地味な① : low-key

He gives such a great low-key performance! Everything seems so effortless and natural, as if he's not even trying.

彼は渋い演技をする！　そうしようなんて思っていないみたいに、すべてが無理なく自然なんだ。

💡 発想のポイント

耳慣れない言葉かもしれませんが、low-key を使うと「渋い、控えめな、地味な」などの英語化しにくい概念も、うまく表すことができます。

🎵 15 秒音声トレ！

He gives such a great low-key performance! Everything seems so effortless and natural, as if he's not even trying.

- -

渋い② : nice and quiet

I love this cozy restaurant. It's nice and quiet.

このこぢんまりした食堂はいいね。渋い雰囲気だよね。

💡 発想のポイント

「控えめで魅力的」という意味。「渋い」のニュアンスを伝えるのに使い回しが利きます。

🎵 15 秒音声トレ！

I love this cozy restaurant. It's nice and quiet.

ちゃんとした、間違いのない : legit

She's **legit**, and everything she does is **legit**. She's a specialist in this field for sure.

彼女はちゃんとしていて、何をやってもちゃんとしていて、この分野では間違いなく専門家です。

💡 発想のポイント

「ちゃんとした」は難訳語の一つで、文脈によってさまざまな英語にできます。最もシンプルかつ汎用性が高いのが、「本物の、本格的な」というニュアンスの legit です。

🎵 15 秒音声トレ！

She is legi<u>t</u>, an<u>d</u> everythin<u>g</u> she doe<u>s</u> i<u>s</u> legi<u>t</u>. She's <u>a</u> specialis<u>t</u> in this fiel<u>d</u> fo<u>r</u> sure.

芸が細かい :

creative and perfectionist

That craftsperson is just so **creative and perfectionist** about what he does and makes.

あの職人さんは、とにかく自分のやることと作品に関してはこだわりが強いんだ。

💡 発想のポイント

「芸が細かい」には、「細部まで完璧である」と「さまざまな "仕掛け・工夫" がある」の 2 つの意味があります。そこで creative（工夫に満ちた）と perfectionist（細部まで徹底的な・完璧主義の）を組み合わせて「芸が細かい」のニュアンスに迫りましょう。

🎵 15 秒音声トレ！

Tha<u>t</u> craftsperso<u>n</u> i<u>s</u> jus<u>t</u> so creativ<u>e</u> an<u>d</u> perfectionis<u>t</u> abou<u>t</u> wha<u>t</u> he doe<u>s</u> an<u>d</u> makes.

しつこい：obsessed

He never stops stalking me online. I mean, he's **obsessed**!

あいつにネットで粘着されてて、本当にしつこいの！

💡 発想のポイント

obsessed は「(〜に) とりつかれている、頭から離れない」という意味で、「しつこい」というニュアンスにも対応できます。

🎵 15秒音声トレ！

He never stops stalking me online. I mean, he's <u>o</u>bsessed!

食いだおれ：

be obsessed with food, food-obsessed

The whole city of Osaka **is obsessed with food**. It's such a **food-obsessed** culture.

大阪という街自体が食べ物にとりつかれていて、食いだおれの文化なんだよね。

💡 発想のポイント

obsessed の応用表現です。be obsessed with food も food-obsessed も、直訳は「食べ物に取りつかれている」で、「食いだおれ」を表すことができます。

🎵 15秒音声トレ！

The whole city of <u>O</u>saka is <u>o</u>bsessed wi<u>th</u> foo<u>d</u>. It's su<u>ch a</u> food-o<u>b</u>sessed culture.

ずっと見ていられる：
be addictive to watch

Her dancing is so addictive to watch. My battery's dying.

この子のダンス、ずっと見ていられる。もう（スマホなどの）バッテリーがなくなりそう。

💡 **発想のポイント**

「中毒性がある（addictive）➡ ずっと見ていられる」ととらえます。もちろんwatch 以外の動詞に入れ替えてもいいでしょう。

🎵 **15 秒音声トレ！**

Her dancing is so addictive to watch. My battery's dying.

疾走感がある：move/go fast

The story goes fast, so you don't wanna look away!

よそ見できないほどストーリーの疾走感がすごいんだ。

💡 **発想のポイント**

音楽や映像作品などに対して使われる表現で、一見英語にしづらそうに思えます。ここは〈主語＋動詞〉の形でイメージを再現します。主語が決めにくければ It goes very fast. と、It（映像・音楽・状況・物語など、文脈に自然に適合）を主語にしてみましょう。

🎵 **15 秒音声トレ！**

The story goes fast, so you don't wanna look away!

損得勘定する：keep score

If you keep score in a relationship or marriage, you'll both lose.

恋愛や結婚で互いに損得勘定で動くと、2人とも不幸になる。

💡 発想のポイント

直訳は「スコアをつける」。何でも数字に換算して記録し、損得の判断をしているイメージです。Stop keeping score. や Never keep score. のように、否定の形で教訓や道徳論を語るときに使われることも多いです。

🎵 15秒音声トレ！

If you keep score in a relationship or marriage, you'll both lose.

（才能・能力・スキルなどが）もったいない：

underutilized

It's so sad that a great talent like her has been underutilized.

あんなに才能のある人なのに、何ともったいない。
（直訳：彼女のような才能ある人が取り立てられていないなんて、悲しすぎる。）

💡 発想のポイント

underutilized は「十分に活用されていない」ということ。そこから、「もったいない」のニュアンスに近づくことができます。

🎵 15秒音声トレ！

It's so sad that a great talent like her has been underutilized.

一理ある： make a certain sense

I get that. It makes a certain sense, then.

わかったよ。だったらそれも一理あるね。

💡 発想のポイント

(It) makes a certain sense. の形で使われることが圧倒的に多いです。直訳は「それはある（特定の）意味を成す」で、転じて「それも一理ある」に近いニュアンスで使われます。

🎵 15秒音声トレ！

I get that. It makes a certain sense, then.

説得力がある①： convincing

When you see the wrestler in the ring, all his moves are convincing to the audience.

そのレスラーがリング上にいると、その技のすべてが観客に高い説得力を持つ。

💡 発想のポイント

「納得できる、うなずける、なるほどと思わせる」というニュアンス。プレゼンや議論の内容についての「説得力」も、これで表現可能です。

🎵 15秒音声トレ！

When you see the wrestler in the ring, all his moves are convincing to the audience.

説得力がある② : compelling

This Netflix movie is excellent. The story is compelling, and I can't wait for the sequel.

この Netflix の映画はすごくいい。ストーリーに説得力があるし、続編が待ちきれないよ。

💡 発想のポイント

compelling にも「説得力がある」という意味があり、映画やパフォーマンスなどに「感動せずにはいられない」といったニュアンスになります。

🎵 15 秒音声トレ!

This Netflix movie is excellent. The story is compelling, and I can't wait for the sequel.

説得力がある③ :
know how to put ~ across to ...

She really knows how to put her ideas across to you.

彼女の持つ説得力は素晴らしい。

💡 発想のポイント

直訳は「(自分の考えなど) を…に伝えることに長けている」で、「説得力がある、納得させる」のニュアンスに。また、例文で idea の代わりに song を入れれば「歌の説得力」となり、「歌唱力」などの概念もすぐに英語化できます。

🎵 15 秒音声トレ!

She really knows how to put her ideas across to you.

196

当たらずとも遠からず：

not far off the mark

I heard what he said, and it's not far off the mark.

彼の話は聞いたよ。当たらずとも遠からずという感じだね。

💡 発想のポイント

直訳は「大きく外れてはいない」で、つまりは「当たってはいないが遠くはない」というニュアンスを表しています。

🎵 15秒音声トレ！
I heard what he said, and it's not far off the mark.

197

耳の痛い話・こと：

what *one* needs to hear

It's nice to have somebody who tells me not only what I want to hear, but also what I need to hear.

ほめ言葉だけじゃなく、耳の痛いことを言ってくれる人は大切。

💡 発想のポイント

直訳は「聞きたいことだけではなく、聞く必要のあることを言う人がいるのは良いことだ」。need には「嫌だけれど必要」というニュアンスもあります。「憎まれ役を買う、心を鬼にする、愛のむち」といった日本語にも対応する表現です。

🎵 15秒音声トレ！
It's nice to have somebody who tells me not only what I want to hear, but also what I need to hear.

4

世間話を楽しく英語化

移り変わる：come and go

Things **come and go**, and emotions **come and go** as well. Nothing stays the way it was, and I've got to get used to it and just keep living.

物事も心も移り変わっていく。ずっと同じものなんてないけど、受け入れて生きていくしかない。

💡 発想のポイント

come and go を「現れては消えていく」と考えると、「移り変わる」という日本語のイメージと重ねやすくなります。

🎵 15秒音声トレ!

Things come and go, and emotions come and go as well. Nothing stays the way it was, and I've got to get used to it and just keep living.

平気だ、ブレない：stay/go unaffected

It's just amazing that he **stays unaffected** by the ignorant comments from the trolls.

ネット上の荒らしの無知なコメントがきても、彼はブレないからとにかくすごい。

💡 発想のポイント

直訳は「影響を受けないままでいる」で、「ブレない」のイメージを表せます。stay unchanged（変わらないままでいる）も近い意味で、「伝統を守っている」といったニュアンスにも使えます。

🎵 15秒音声トレ!

It's just amazing that he stays unaffected by the ignorant comments from the trolls.

時間にルーズ：

never on time/always late

Don't ever go anywhere with her. She's not really punctual. I mean, she's **never on time** for anything!

彼女とはどこにも行ってはだめだよ。あまり時間に正確じゃない、というか、時間を守ったためしがないんだ。

💡 発想のポイント

英語の loose は「野放しの」の意味なので、この場合は不適切。never on time（時間を全く守らない）や always late（必ず遅刻する）を使うといいでしょう。「時間を守る」は be punctual、「時間を守らない」なら be not/never punctual です。

🎵 15秒音声トレ！

Don't ever go anywhere with her. She's not really punctual. I mean, she's never on time for anything!

こだわる：

be/become a perfectionist about ~

I often **become a perfectionist about** what I'm doing to the point where I just don't have fun anymore.

私はもう楽しくなくなるところまで、やっていることにこだわってしまう。

💡 発想のポイント

直訳は「〜に完璧主義である、〜に完璧主義になってしまう」で、「特定の事柄について完璧主義➡こだわりがある」と解釈しています。

🎵 15秒音声トレ！

I often become a perfectionist about what I'm doing to the point where I just don't have fun anymore.

（会話で）返しがうまい、瞬発力がある：

be good at comebacks

He may seem introverted, but he's really good at comebacks, and it's scary but wonderful!

彼は陰キャっぽいけど実は返しがすごくうまいし、ビビるけど素晴らしい！

💡 **発 想 の ポ イ ン ト**

comeback(s) は「うまい受け答え、反論、返し」を表し、会話でよく使われます。010 で「陰キャ／陽キャ」を取り上げましたが、ここでは形容詞 introverted を使っています。

🎵 **15 秒 音 声 ト レ ！**

He may seem introverted, but he's really good at comebacks, and it's scary but wonderful!

口下手な：

be not good at expressing *one*self

He's not good at expressing himself, so he's always creating misunderstandings.

彼は口下手で、いつも誤解を生んでいる。

💡 **発 想 の ポ イ ン ト**

直訳は「自分を（対話で）表現することが苦手である」ということ。つまり「口下手」のニュアンスを表しています。

🎵 **15 秒 音 声 ト レ ！**

He's not good at expressing himself, so he's always creating misunderstandings.

一緒にいて疲れない（人）:
be easy to be around

He's easy to be around and puts people at ease.

彼は一緒にいて疲れないし、周りの人をホッとさせるんだ。

 発想のポイント

「疲れない」と聞くと tired/tiring を使いたくなるものですが、~ is easy to be around なら「一緒にいて楽な人だ」となり、「一緒にいて疲れない」のニュアンスに合います。

♫ 15 秒音声トレ！

He's easy to be around and puts people at ease.

（～とは）話がかみ合わない、話が通じない:
misunderstand everything I say

I'm not going to talk to him anymore because he **misunderstands everything I say.**

あの人とは話が全くかみ合わないから、もう二度と話したくない。

💡 発想のポイント

直訳は「（～は）私の言うことをすべて誤解してしまう」で、日本語のニュアンスに近づきます。

♫ 15 秒音声トレ！

I'm not going to talk to him anymore because he misunderstands everything I say.

罪つくりな人：(such a) troublemaker

You're such a troublemaker. I mean, you don't even know what you're doing to her.

あなたって罪つくりな人だよね。っていうか、自分が彼女に何をしてるかさえもわかってない。

 発想のポイント

troublemaker は文字通り「もめごとを起こす人」。such a で「罪つくり」を強調しています。「いろいろな女性を誘惑して罪つくり」であれば such a womanizer、性別への言及を避けるなら adulterer や cheater（浮気者、密通者、不倫している人）が使えます。

♩ 15 秒音声トレ！

You're such a troublemaker. I mean, you don't even know what you're doing to her.

とってつけたような：unnatural

It's simply sad that he had such an unnatural excuse for his behavior.

あいつが自分の行動に対して、とってつけたような言い訳をしたのは悲しいな。

 発想のポイント

natural の反意語 unnatural は「不自然な」を表し、「本来ならありえないような」というニュアンス。「とってつけたような」に対応する英語はいくつか考えられますが、最もシンプルで汎用性が高いのが unnatural です。

♩ 15 秒音声トレ！

It's simply sad that he had such an unnatural excuse for his behavior.

思わせぶり：tease, lead ~ on

You're such a tease. You should stop leading him on!

また人の心をもてあそんで！　彼に思わせぶりな態度を取るのはやめなよ！

💡 発想のポイント

tease は「じらして相手をもてあそぶ人（女性）」、lead ~ on は「〔だましたり調子のいいことを言ったりして〕（人）をその気にさせる、妙な期待を抱かせる」という意味です。どちらも「思わせぶり」を表すことができます。

🎵 15秒音声トレ！

You're such a tease. You should stop leading him on!

自業自得の：self-inflicted

I got a pounding headache from the crazy drinking last night, and it's all self-inflicted.

昨日の夜めちゃくちゃ飲んだから、頭がガンガン痛い…自業自得だな。

💡 発想のポイント

self-inflicted は「（罰として）自分に与えた・負わせた」という意味で、「自業自得の」のニュアンスを表現できます。

🎵 15秒音声トレ！

I got a pounding headache from the crazy drinking last night, and it's all self-inflicted.

癒やされる：therapeutic

I love the smell of rain. It's therapeutic, especially when you're in the house relaxing.

雨の匂いが好きです。特に家でくつろいでいるときには、癒やされるんです。

💡 発想のポイント

直訳は「（心と体に関係なく）癒やす力がある」という意味で、よく使われます。therapy（治療、セラピー、癒やしの行為）の形容詞形です。

🎵 15秒音声トレ！

I love the smell of rain. It's therapeutic, especially when you're in the house relaxing.

人たらし、かわいげがある①：
impossible not to like

He's the kind of person who cries happy tears, and he's just impossible not to like.

彼はうれし泣きをするタイプで、人たらしだよ。

💡 発想のポイント

直訳は「彼のことを好きにならないのは不可能だ」で、「人たらし」のニュアンスを表現できます。

🎵 15秒音声トレ！

He's the kind of person who cries happy tears, and he's just impossible not to like.

- -

人たらし、かわいげがある②：likable

Everybody says he's just so likable, and he actually is impossible not to like.

皆があいつのことを好感が持てるって言ってるけど、確かに嫌いになりようがないことがわかる。

💡 発想のポイント

「好ましい、好感の持てる、感じのいい」というニュアンス。「人たらし」は特殊な概念のように聞こえますが、英語では likable 一語で表現することもできます。「かわいげがある」などの日本語にも対応します。例文では①の impossible not to like も使っています。

🎵 15秒音声トレ！

Everybody says he's just so likable, and he actually is impossible not to like.

血の通った、人間らしい：compassionate

Maybe discipline is necessary, but a few compassionate words wouldn't hurt.

厳しいしつけも必要だろうけど、血の通った温かいひと言があってもいいとは思うんだ。

💡 発想のポイント

「血の通った」とは「事務的・形式的ではない、人間らしさや人情味、優しさがある」ということなので、compassionate（思いやりのある、慈悲深い、同情心のある、他者を救いたいと言う気持ちのある）という単語の出番になります。

🎵 15秒音声トレ！

Maybe discipline is necessary, but a few compassionate words wouldn't hurt.

スキがある、脇が甘い、墓穴を掘る、悪目立ちする：ask for trouble

Look at the baseball player's scandal. He was asking for trouble for sure.

例の野球選手のスキャンダルを見てみなよ。いかにも脇が甘すぎたよね。

💡 発想のポイント

「自ら災難を招く、墓穴を掘る、自分の首を絞める」というイメージ。転じて「不用意にトラブルを呼び込みつつある状態」を意味する「スキがある、脇が甘い、詰めが甘い」などの日本語にも対応できます。

🎵 15秒音声トレ！

Look at the baseball player's scandal. He was asking for trouble for sure.

4

世間話を楽しく英語化

引き出しが多い① : handle many topics

I want to be able to **handle many** different **topics** because I'd like to enjoy communicating with different types of people.

いろいろな人と会話を楽しめるように、引き出しは多く持っていたい。

💡 発想のポイント

「たくさんの話題を扱う➡（話題の）引き出しが多い」ととらえます。「引き出し」を drawer と訳しても通じないので注意しましょう。

🎵 15 秒 音 声 ト レ !

I want to be able to handle many different topics because I'd like to enjoy communicating with different types of people.

引き出しが多い② :

always have something interesting to talk about

I never get tired of listening to him. He **always has something interesting to talk about**.

彼の話は聞いていて飽きないんだ。引き出しが多いんだよね。

💡 発想のポイント

「いつも興味深い話題を提供してくれる」というイメージで、「（話題の）引き出しが多い」というニュアンスを表せます。

🎵 15 秒 音 声 ト レ !

I never get tired of listening to him. He always has something interesting to talk about.

影が薄い、存在感がない：

not have much of a presence

That guy doesn't have much of a presence. I mean, he's always in the background and hardly noticeable.

あいつってあまり存在感がないよな。っていうか、絶対に前に出ようとしないし、いるかどうかもわからなくなる。

💡 発想のポイント

「影が薄い」ことを表すにはさまざまな言い方があり、例文には３つのパターンを盛り込みました。not have much of a presence（存在感があまりない）は最も汎用性が高い表現。in the background（引っ込んでいる）、hardly noticeable（存在に気づかないレベル）も使えるので、覚えておきましょう。

🎵 15 秒音声トレ！

That guy doesn't have much of a presence. I mean, he's always in the background and hardly noticeable.

あざとい、ぶりっこ：

definitely knows what *one*'s doing

She acts like she's all innocent, but she definitely knows what she's doing.

あの子って純真そうに振る舞ってるけど、本当にあざといね。

💡 発想のポイント

直訳は「彼女は自分がしていることを知っている」です。そこから転じて「（目的を達成するために）自分が行っていることの意味をわかって行動してる」というニュアンスが表現できます。「ぶりっこ、したたかな」などの日本語に相当するわけですね。

🎵 15 秒音声トレ！

She acts like she's all innocent, but she definitely knows what she's doing.

気が合う、意気投合する：
click, hit it off

He and I just don't **click** anymore... We **hit it off** the first time we met, though.

彼とはもう合わなくなった…出会ったときは意気投合したんだけど。

💡 発想のポイント

click は日本語の「カチッ」にあたる擬音語。「（感覚が）ピタッと合う、ビビッとくる、ピンとくる」などの意味です。hit it off も click と同じく「（その場で）意気投合する」を表します。

🎵 15秒音声トレ！

He and I just don't click anymore... We hit it off the first time we met, though.

甲乙つけがたい：equally good

They are **equally good**, and I really can't pick one.

彼らは皆甲乙つけがたくて、一人を選び出すなんて本当にできない。

💡 発想のポイント

「五分五分の、実力伯仲の、拮抗した、ほとんど差がない、負けず劣らず、どちらも同じくらい」などの日本語も、これで伝えることができます。good 以外の形容詞に入れ替えてもいいでしょう。

🎵 15秒音声トレ！

They are equally good, and I really can't pick one.

落ち着きがない：

have (such) a short attention span

I have such a short attention span that I can't even watch TikToks for three minutes.

落ち着きがなさすぎて、TikTok を3分も見ていられない。

💡 発想のポイント

attention span は「集中力が続く時間」という意味です。「集中力に欠け、落ち着きがない」というニュアンスを表現できます。

🎵 15秒音声トレ！

I have such a short attention span that I can't even watch TikToks for three minutes.

立ち居振る舞い：

the way *one* carries *one*self

The way he carries himself says a lot about his upbringing and background.

その立ち居振る舞いで、彼の育ちと過去が見えてくる。

💡 発想のポイント

The way he carries himself は「彼の立ち居振る舞い」を意味し、文全体を直訳すると「彼の体の運び方は彼の育ちと背景を大いに語る」となります。英語らしい**無生物主語**の発想に注目しましょう。upbringing は「（子供の）しつけ、教育」という意味。

🎵 15秒音声トレ！

The way he carries himself says a lot about his upbringing and background.

損な性格： prideful enough to ruin

That guy is prideful enough to ruin his relationships with others.

あいつは損な性格で誰ともうまくいかないな。
（直訳：あいつはプライドが高すぎて他者との関係を壊してしまう。）

💡 発想のポイント

「損な性格」を英語にするのは難しいですが、「プライドが高すぎて他者との関係を壊す」とすれば同じイメージです。prideful の代わりに insensitive を使うと、「一言多くて（無神経で）損な性格」というニュアンスになります。

🎵 15秒音声トレ！
That guy is prideful enough to ruin his relationships with others.

なまじ〜だから（器用貧乏）：

spread *one*self too thin

He spread himself too thin and ended up achieving nothing.

彼はなまじいろいろやりすぎて、結局何も成し遂げられなかった。

💡 発想のポイント

「なまじ」だけを見ると難訳語ですが、手広くやりすぎて「（才能などを）薄く塗り広げすぎるイメージ」ととらえれば表現しやすくなります。

🎵 15秒音声トレ！
He spread himself too thin and ended up achieving nothing.

大事にする、大切にする：
It means a lot (to me).

Thank you very much for your words. **They mean a lot to me.**

そう言ってくださり本当にありがとうございます。（その言葉を）大事にします。

💡 **発想のポイント**

「（私にとって）たくさん意味を持つ➡大事（大切）である」という解釈です。「（自分が）大事にする＝ cherish」と考えがちですが、It/They という**無生物主語**の英語的な発想を大切にしましょう。

🎵 **15秒音声トレ！**

Thank you very much for your words. They mean a lot to me.

意味深：profound

I heard her words, and they're **profound.**

彼女の言葉を聞いたけど、意味深だと思う。

💡 **発想のポイント**

「意味深」は、「（言葉や態度）より深い意味がある」と解釈しましょう。profoundのほか、deep を使うこともできます。

🎵 **15秒音声トレ！**

I heard her words, and they're profound.

減る：fewer, less

You're making **fewer** mistakes. I'm glad your efforts are paying off!

ミスが減りつつあるね。君の努力が報われつつあってうれしいよ！

💡 発想のポイント

「減る」を表すのに decrease ではなく、fewer を使って新たな発想を身につけます。more は思いつきやすい一方、fewer や less を使いこなすには意識的な練習が必要です。練習を重ねると、例えば「少子化」を There are fewer and fewer babies. と言えるようになります。

🎵 15秒音声トレ！

You're making fewer mistakes. I'm glad your efforts are paying off!

以心伝心、心が通じ合っている：

read each other well

I can tell they're cut out for each other and **read each other well**.

彼らは相性が完璧で、以心伝心なのがわかる。

💡 発想のポイント

「互いの心を読めている」というイメージです。read の対象が本や文字ではないという点では、274 の read the situation（察する、空気を読む）と同じ使い方と考えるといいでしょう。be cut out for ~ は「~に向いている」という意味。

🎵 15秒音声トレ！

I can tell they're cut out for each other and read each other well.

いい相手に出会う：find *one*'s match

You finally found your match. I'm so happy for you!

ついに運命の人と出会えたね。本当によかったね！

💡 発想のポイント

「（自分に）釣り合う相手に出会う」というニュアンス。文脈に応じて、「いいライバルが見つかる、運命の人に出会う、かみ合う相手を得る、相手にとって不足なし、いい勝負になる」などの日本語に対応できます。

🎵 15秒音声トレ！

You finally found your match. I'm so happy for you!

普及する・している：
become/be a part of our daily lives

AI has become a part of our daily lives and is involved in the operations of most organizations.

AIは日常生活の一部となり、ほとんどの組織の運営に関わっている。

💡 発想のポイント

「普及する」を become widespread のように表すこともできますが、視点を変えて「日常の一部となった・なっている」と考えてみましょう。会話で使える表現の幅が広がります。

🎵 15秒音声トレ！

AI has become a part of our daily lives and is involved in the operations of most organizations.

控えめに言う、重大さを隠すように話す：
downplay

Stop downplaying the story and the numbers. Everyone knows what you did now.

話と数字を控えめに言うのはやめなよ。もうみんな君のやったことを知っているから。

💡 発想のポイント

「(問題の大きさや重大さを隠すように) 実際より小さく・少なく聞こえるようにごまかす」というイメージです。「大したことではないという態度を取る」といった日本語にも相当します。

🎵 15 秒音声トレ!

Stop downplaying the story and the numbers. Everyone knows what you did now.

(〜だと) たかをくくる、(〜を) 甘く見る：
underestimate

I completely **underestimated** how hard that exam would be, and I couldn't do the questions at all.

試験は簡単だとたかをくくっていたけど、全然できなかった。

💡 発想のポイント

「〜を甘く見る、過小評価する➡たかをくくる」ととらえ、underestimate を使うとニュアンスをうまく表現できます。

🎵 15 秒音声トレ!

I completely underestimated how hard that exam would be, and I couldn't do the questions at all.

（〜の方が）まだマシだ：

the lesser evil

In politics there is no good, better, or perfect choice, so it's always a choice of the lesser evil.

政治では、良いとか、より良いとか、完璧な選択肢なんてないから、いつも「まだマシ」な方を選ぶことになる。

💡 **発想のポイント**

the lesser evil とは「（どちらも悪い2つの選択肢の中で）まだマシな方」という意味で、よく使われる表現です。

🎵 **15秒音声トレ！**

In politics there is no good, better, or perfect choice, so it's always a choice of the lesser evil.

180度違う、真逆：

the complete opposite

She acts very sweet, but her inner personality is the complete opposite.

あの子はすごく優しく振る舞ってるけど、中身の性格は真逆だからね。

💡 **発想のポイント**

「180度違う、正反対、逆に言うと、逆のやり方で、裏を返せば、真逆」といった日本語は、すべてこの表現で表すことができます。

🎵 **15秒音声トレ！**

She acts very sweet, but her inner personality is the complete opposite.

いろいろやりながら、そうこうするうちに：
along the way

Sometimes the best way to get started is to just jump in and figure things out **along the way**. Don't let overthinking things hold you back.

何かを始めるなら、とにかく飛び込んで、いろいろやりながら理解していくのがベストのやり方というときもある。考えすぎて動けなくなってはいけない。

 発想のポイント

直訳は「そこに至るまでに、進行中に」。「いろいろやりながら（その流れ・プロセスの中で）、そうこうするうちに」というニュアンスを表現しています。

♫ 15秒音声トレ！

Sometimes the best way to get started is to just jump in and figure things out along the way. Don't let overthinking things hold you back.

相手のレベルに落ちてはいけない：
two wrongs don't make a right

Please try not to fight violence with violence because **two wrongs don't make a right**.

相手のレベルに落ちてはいけないから、暴力に暴力で戦うことはやめるようにしてほしい。

 発想のポイント

直訳は「2つの間違いは1つの正しいことを作らない」で、転じて「（相手のやってきたことと）同じレベルでやり返してはならない➡相手のレベルに落ちてはいけない」という意味になります。

♫ 15秒音声トレ！

Please try not to fight violence with violence because two wrongs don't make a right.

いい意味で裏切る：
come as a nice surprise

I think I was expecting something else, but it came as a nice surprise.

期待していたものとは違う感じだけど、いい意味で裏切られたよ。

 発想のポイント

直訳は「いい驚きとしてやってくる」で、「いい意味で裏切る」のニュアンスになります。It などの**無生物**が主語になる場合も多いです。

♬ 15秒音声トレ！

I think I was expecting something else, but it came as a nice surprise.

ズバッと言う、包み隠さず言う、ぶっちゃける：
tell it like it is

Why don't you tell it like it is? Everybody knows you did it.

本当のことを言ったら？　もうあんたがやったことは皆にバレてるから。

💡 発想のポイント

「ありのままに言う➡ズバッと言う」というイメージ。「ありのままに言う、歯に衣着せぬ」といった日本語にも対応できます。She tells it like it is. なら「彼女ははっきり言うタイプです」のような訳が考えられます。

♬ 15秒音声トレ！

Why don't you tell it like it is? Everybody knows you did it.

結果が物語っている、自明の理である：

speak for *oneself*

Nothing improves by accident. It's the effort you made. The results **speak for themselves**.

偶然による向上などない。どれも君の努力だよ。結果がすべてを物語っているよ。

💡 発想のポイント

英語らしい**無生物主語**。直訳は「それがそれ自体のために語る」で、「自明の理である、（見れば・思い出せば）わかる、（それ自体が）雄弁に物語っている」という意味です。「言葉や自己アピールより結果が大事」のニュアンスですね。

🎵 15秒音声トレ！

Nothing improves by accident. It's the effort you made. The results speak for themselves.

ちりぢり、ばらばら、離れ離れ：

spread out

In America, things are **spread out**, so for many people, cars are necessary to get around.

アメリカではさまざまなものが離れ離れになっているから、大多数の人々にとって、動き回るには車が必須なんだ。

💡 発想のポイント

222にも登場したspreadは「～を広げる」という意味の動詞。spread outは人や物が分散していることを表します。

🎵 15秒音声トレ！

In America, things are spread out, so for many people, cars are necessary to get around.

話がうますぎる：too good to be true

It's too good to be true. Don't fall for it, okay?

話がうますぎる。引っかかるんじゃないぞ。

💡 発想のポイント

「真実であるにはあまりにも良すぎる」という意味で、「話がうますぎる」のニュアンスになります。また、ポジティブな文脈では、「現実とは思えないほど素晴らしい」という意味でも使われます。fall for ~ は「（策略など）に引っかかる」という意味。

♪ 15秒音声トレ！

It's too good to be true. Don't fall for it, okay?

ダレる、気がゆるむ、だらける、たるむ： Your brain gets used to it (and becomes lazy).

Switch up your program here and there, or your brain will get used to it and become lazy.

ときどき練習プログラムに変化をつけないと、ダレてしまう。

💡 発想のポイント

「（私が）ダレる、だらける」のではなく、「（脳が）慣れてサボり始める」という英語的な**無生物主語**になっていることに注目しましょう。主語を自在に取れることが大切です。

♪ 15秒音声トレ！

Switch up your program here and there, or your brain will get used to it and become lazy.

運のない人、ツキに見放されている：
Something always holds ~ back.

He tried hard for a long time, but something always held him back.

彼は長いこと頑張ったが、運がなかった。

💡 発想のポイント

hold ~ back は「〜の足を引っ張る」という意味。always を追加すると、「いつも運がない、ツキに見放されている、何をやってもうまくいかない」といったニュアンスを加えることができます。

🎵 15 秒音声トレ！

He tried hard for a long time, but something always held him back.

金遣いが荒い：
Money burns a hole in *one*'s pocket.

According to my buddies, money burns a hole in my pocket.

周りに言わせると、俺は金遣いが荒いみたいだ。

💡 発想のポイント

これも**無生物主語**の発想です。直訳は「お金が私のポケットを焼き焦がして穴を開ける」。「際限なくお金を使ってしまう」というイメージを表現しています。

🎵 15 秒音声トレ！

According to my buddies, money burns a hole in my pocket.

のらりくらりと、お茶を濁す：
remain evasive

They remained evasive regarding all the questions we asked, which was quite frustrating.

先方はこちらのあらゆる質問に対してのらりくらりと応じるだけで、かなりイライラした。

💡 発想のポイント

evasive には「あいまいな、まわりくどい、回避的な」という意味があり、「のらりくらりと、お茶を濁す、あいまいにやり過ごす」のような直訳しにくい表現にも対応が可能です。同じ意味で give an evasive answer（あいまいな答え方をする）という表現もあります。

🎵 15秒音声トレ！

They remained evasive regarding all the questions we asked, which was quite frustrating.

「スマホの充電を気にする」ように 勉強するのは間違い

　本書を手に取ってくれた皆さんは、もしかしたら英語学習に真剣になるあまり「今日は予定通り勉強ができなかった。どうしよう…」と、心の休まらないときがあるかもしれません。

　もちろん「英語の学習＝日々の努力の積み上げ」であることは間違いありません。だからといって、私たちの生活は変化に富んでおり、毎日毎日ロボットのように決まった時間を確保してバッテリーを充電するように知識を注入するような「作業」はむしろ不自然だと言えます。

　また、英語を話すたびに、毎回「積み上げた努力のすべてを出し切らないと！」と力んで話しても不自然になってしまいます。

　「今日勉強できなかったから、頭の中の英語が減ってしまう」という考え方は、精神の健康に悪影響で、コミュニケーションを阻害します。**英語の学習は「スマホの充電」とは違う**のです。

　これは、私たちがいつも使っている日本語を見れば明らかですね。例えば、睡眠不足で疲れているときには難しい言葉は出てきにくいし、口数も減ることでしょう。それでも日本語であれば、「そのときに使える単語や表現」をなぜか使えているものです。これが英語でできれば、何の気負いもなくリラックスして話せるはずです。

「しんどくて単語が思い出せない！」
「言いたい単語を忘れてしまった！」
　そんなときでも、会話では文を瞬時に口に出さないと成立しません。そのハードルを下げる現実的な方法をご紹介しましょう。234 ページで紹介した The thing を活用することです。「しんどくても、確実に英語を口に出せる話し方」を知っておけば、結果として英語に能動的に触れる機会を確保でき、会話の経験も増えていくのです。

微妙なニュアンスを瞬時に英語化

～らしい① : It's so ～

The style is so you. I mean, it's so Japanese.

いかにも君らしいやり方だね、というか、まさに日本人的だね。

💡 発想のポイント

so her/him（あの人らしい）、so American（アメリカ的）、very 90s（90年代っぽい）のように、so/very ～ とするだけで「～らしい」を表現できます。

♬ 15秒音声トレ！
The style is so you. I mean, it's so Japanese.

～らしい② : ～ written all over ...

That has you written all over it.

それっていかにも君らしいよね。

💡 発想のポイント

「あなたが一面に書かれている＝あなたらしい」と解釈しましょう。主語は That 以外にも The shirt（そのシャツ）、The style（その趣味）といった具体的な物や事柄でも大丈夫です。

♬ 15秒音声トレ！
That has you written all over it.

245 〜的な何か：something like 〜

That was the first time I found **something like** an energy drink in this country.

エナジードリンク的な何かを初めてこの国で見つけたよ。

💡 発想のポイント

「〜的な何か」という日本語の「〜的」に引きずられずに、「〜のような何か」と考えましょう。something like 〜 で全く同じ意味とニュアンスを伝えられます。

🎵 15秒音声トレ！

That was the first time I found something like an energy drink in this country.

---

246 いかにも〜らしい：so typical of 〜

This is **so typical of** him. He's so annoying and rude.

いかにもあいつらしいな。本当にウザくて失礼で。

💡 発想のポイント

ネガティブ・ポジティブ両方の文脈で、「いかにも〜らしいな」というニュアンスを伝えられる便利な表現です。

🎵 15秒音声トレ！

This is so typical of him. He's so annoying and rude.

---

247 かすかな〜：a hint of 〜

I wonder why his eyes have **a hint of** sadness every time he mentions his family.

彼はどうして家族の話をするたびに、かすかな悲しみが目に表れるのだろう。

💡 発想のポイント

a hint of 〜 は「（ごく）わずかな〜」という意味。日本語の「かすかな〜」というニュアンスを表せます。a hint of rose（かすかなバラの香り）、a hint of a Russian accent（わずかなロシア語なまり）のように使います。

🎵 15秒音声トレ！

I wonder why his eyes have a hint of sadness every time he mentions his family.

ワンチャン① : there's a chance

If everything goes well, **there's a chance** I'll make it.
もろもろうまくいけば、ワンチャン間に合うかも！

💡 発想のポイント

「ワンチャン」には「（可能性は高くないけれど）何とかなるかもしれない」という
ニュアンスがあります。there's a chance を使えば、その意図は十分伝えるこ
とができます。また、could を使い、次のように表すこともできます。ただし、こ
れは口語表現で、文法的に正確ではありません。注意して使用するようにしまし
ょう。

👍 こんな言い方もできる

If everything goes well, I **could** make it.

🎵 15秒音声トレ！

If everything goes well, there's a chance I'll make it.

ワンチャン②（ダメ元で） : (It's) worth a shot

It's very unlikely, but **it's worth a shot** anyway.
ありえないとは思うけど、ダメ元で（ワンチャン）やってみる価値はあると思う。

💡 発想のポイント

「（可能性は低くても）やる価値はある」「失敗しても損はしないし、成功したらも
うけもの」というニュアンス。worth another shot なら「もう1回やってみる価
値がある」という意味になります。

🎵 15秒音声トレ！

It's very unlikely, but it's worth a shot anyway.

せっかくだから：might as well ~

I might as well use my smartphone since I have nothing better to do in a place like this.

こんなところでほかにやることもないし、スマホでもいじっておこう。

💡 発想のポイント

「その場での現実的な選択肢」を選ぶときに使います。「せっかくだし（とりあえず）～でもやるか」というニュアンスも含みます。

🎵 15秒音声トレ！

I might as well use my smartphone since I have nothing better to do in a place like this.

～ならでは：only ~ can *do*

We want the people in that country to enjoy the kind of support **only** Japan **can** offer.

その国の方々に、日本ならではの支援を享受していただきたいと思っています。

💡 発想のポイント

難訳語の一つですが、「～ができる唯一のこと」と考えるといいでしょう。Only you can do it.（君ならではだね）と、文頭に使用することも可能です。

🎵 15秒音声トレ！

We want the people in that country to enjoy the kind of support only Japan can offer.

〜なりにやっている：do what ~ can

Maybe we should stop being judgmental. She's doing what she can to get by for sure.

批判的に（上から目線で）見るのはやめよう。彼女は彼女なりに、一生懸命生きてるじゃないか。

 発想のポイント

do what ~ can は「〜にできることをやっている」で、転じて「〜なりにやっている」というニュアンスになります。 get by は「何とか暮らす」という意味です。

♫ 15 秒音声トレ！

Maybe we should stop being judgmental. She's doing what she can to get by for sure.

あわよくば：would even *do*

I'd better be careful because that guy would even set me up to get what he wants.

あいつはあわよくば私を（策略に）陥れてでも自分の欲求を満たそうとするから、気をつけないといけない。

 発想のポイント

直訳不可能だがよく使う日本語ほど、英語化したいと思わせます。would even *do* の「〜しさえするだろう」は、「あわよくば」のニュアンスにぴったりです。set A up to *do* は「〜するよう A を仕向ける」という意味。

♫ 15 秒音声トレ！

I'd better be careful because that guy would even set me up to get what he wants.

あながち（必ずしも）そうではない：

not necessarily

Not necessarily. There are usually exceptional cases.

あながちそうでもないよ。例外的なケースはたくさんあるからね。

 発想のポイント

意見交換などでよく使われます。not necessarily（そうとは限らない、必ずしもそうではない）のほか、not always（常にそうとは限らない）、not entirely（完全に〜ではない）なども「あながち」に対応することができます。

♩ 15 秒音声トレ！

Not necessarily. There are usually exceptional cases.

それも何かの縁、しかるべくして：

for a reason

It happened **for a reason**... I mean, everything happens **for a reason**, so just accept it and move on.

それも何かの縁だよ…というか、すべては縁だから、そういうものだと諦めて、切り替えていけばいい。

 発想のポイント

「必然として」というニュアンスで、「それも縁だよ」という文脈にも対応できます。It happened for a reason. なら、「それが起きたのは必然➡起こるべくして起きた」という意味になります。

♩ 15 秒音声トレ！

It happened for a reason... I mean, everything happens for a reason, so just accept it and move on.

せめて：at least

Could you at least wait till next week to fire me? I want to finish up what I was working on.

私をクビにするならせめて来週にしてくれませんか？　取り組んでいた仕事を仕上げられればと思っています。

💡 発想のポイント

訳しにくそうな日本語ですが、「少なくとも➡せめて」ととらえるのがいいでしょう。普段目や耳にする at least のニュアンスがより深く理解できます。

🎵 15秒音声トレ！
Could you at least wait till next week to fire me? I want to finish up what I was working on.

そもそも、もともと：in the first place

You shouldn't have done it in the first place. I told you so many times, and I saw it coming.

そもそも、そんなことをしなけりゃよかったんだよ。何度も言ったし、こうなることは目に見えていた。

💡 発想のポイント

日本語の「そもそも、もともと」と同じ感覚で使える表現です。「そんな問題はもともと存在していなかった」なら、The problem wasn't there in the first place. となります。

🎵 15秒音声トレ！
You shouldn't have done it in the first place. I told you so many times, and I saw it coming.

基本的に、ほぼほぼ、大体 (〜だ):
pretty much

I can pretty much eat anything, wherever I go.

どこに行こうが、基本的に何でも食べられますよ。

💡 発想のポイント

カジュアルな会話でよく耳にする表現です。pretty much が「基本的に、ほぼほぼ、大体」という日本語に対応できると認識するだけで、使いやすくなるはずです。

🎵 15秒音声トレ！

I can pretty much eat anything, wherever I go.

ありえない話だけど、万が一:
that's a big if

And if, and that's a big if, that was the case, who cares? It's none of your business.

それでもし、万が一、そうだとしても、だからどうだというんだ？　君には全く関係ない話だろう。

💡 発想のポイント

a big if は「大きな"もし"」を意味し、転じて「あくまで仮定の話だが、まず考えられないことだけど、ありそうもない話ですが、可能性は薄いが」というニュアンスになります。

🎵 15秒音声トレ！

And if, and that's a big if, that was the case, who cares? It's none of your business.

かいつまんで、広く浅く：
a little bit of everything

I don't really want to go all in on one thing. I just want to try a little bit of everything.

一つのことを徹底的にやるっていうよりは、いろいろかいつまんでやってみたいんだ。

💡 発想のポイント

「すべてを少しずつ」ととらえましょう。バイキング（buffet）などで、少しずついろいろ食べたいときなどにも使えます。

♪ 15秒音声トレ！

I don't really want to go all in on one thing. I just want to try a little bit of everything.

手のひら返し：
one's attitude completely changes

Once I went broke, his attitude completely changed.

私が破産した瞬間に、彼の手のひら返しに遭ったの。

💡 発想のポイント

「手のひら返し」は「態度が完全に・すっかり変わる」と考えるといいでしょう。文脈によっては、attitude の代わりに opinion を使ってもニュアンスは伝わります。

♪ 15秒音声トレ！

Once I went broke, his attitude completely changed.

ついてない一日、
何をしてもうまくいかない日：
one of those days

It seems like today is one of those days where everything goes wrong.

今日は何でもかんでもやらかしてダメになる、ついてない一日っぽい。

 発想のポイント

one of those days は慣用的に「何をやってもうまくいかない日、ついてない一日」という意味で、非常によく使われます。

♫ 15秒音声トレ！

It seems like today is <u>one of</u> those days where everything goes wrong.

近いうちに、近日中に：
one of these days

One of these days, I'll commit to the gym, but for now I'm committed to these tequila shots!

近いうちにマジでジムに行こうと思ってるけど、今この瞬間はガチでテキーラのショットを飲むことにしよう！

 発想のポイント

in the near future と言いたくなりますが、それよりずっとカジュアルで頻繁に使うのが one of these days です。慣用的に「近いうちに、近日中に」という意味。one of those days と混同しないように注意しましょう。

♫ 15秒音声トレ！

<u>One of</u> these days, I'll commit to the gym, but for now I'm committed to these tequila shots!

なんなら…だ：I'd even say...

I'd even say I enjoy the song now more than I did when I was 17 at the time it came out.

なんなら17歳だった発売当時よりも、今の方がこの曲を楽しんでいる。

💡 発想のポイント

「私はそこまで言いますよ」「（きつい言い方かもしれないけれど）言わせていただきますよ」というニュアンスです。

🎵 15秒音声トレ！

I'd even say I enjoy the song now more than I did when I was 17 at the time it came out.

手塩にかけて（育てた、作った）：

I spent years on ~.

I spent years on growing this company, and now I can retire.

この会社を手塩にかけて育てて、ようやく私は引退できる。

💡 発想のポイント

直訳すると「〜に何年もの時間をかけた」。〈spend A on B〉で「Bに A（お金や時間）を投入する」という意味になります。I spent years on this product.（手塩にかけてこの製品を作った）のような使い方もできます。

🎵 15秒音声トレ！

I spent years on growing this company, and now I can retire.

わかりみが深い、気持ちがわかる、共感できる：I can relate (to ~).

I can relate to you because I've been there myself.
その気持ち、わかるよ（それ、わかりみが深いよ）。同じ経験をしてきたからね。

💡 発想のポイント

直訳は「〜に共感する、〜を自分のことのように感じる」。スラングとして使われる「わかりみが深い」や「その気持ちわかるよ」などの日本語にも対応できます。

♪ 15秒音声トレ！

I can relate to you because I've been there myself.

うっかり・気づけば〜していた：I found myself *doing*

I found myself staring hard at her while singing karaoke. I hope she won't think I'm a stalker.
カラオケ中にうっかり彼女をじろじろと見つめてしまってた。ストーカーと思われなければいいのだけど。

💡 発想のポイント

「うっかり」は careless などと言いたくなりますが、「〜している自分に気づく➡気がつけば・知らないうちに〜してしまっている」ととらえると、find *one*self *doing* で表現できます。

♪ 15秒音声トレ！

I found myself staring hard at her while singing karaoke. I hope she won't think I'm a stalker.

5

微妙なニュアンスを瞬時に英語化

そこまで重要じゃない、
言うほど大事じゃない：
not matter all that much

Your TOEIC score matters in your job hunt, but it doesn't matter all that much.

就活で TOEIC スコアは重要ではあるけど、そこまで大事ってわけでもない。

 発想のポイント

「重要である」を表すには important だけでなく、一般動詞の matter も非常によく使われます。ここではあいまいなニュアンスを伝える練習をしながら、使い方に慣れていきましょう。

♪ 15 秒音声トレ！

Your TOEIC score matters in your job hunt, but it doesn't matter all that much.

〜した方がいいかもね：
You might want to *do*

You might not want to miss this opportunity to meet them.

彼らに会えるこの機会を逃さない方がいいですよ。

 発想のポイント

威圧的に聞こえがちな You should 〜 や You had better 〜 よりも、格段にマイルドなアドバイスの表現です。直訳は「あなたは〜したいかもしれない」。目上の人などにより丁寧に言うときは、I think を文頭に加えましょう。

♪ 15 秒音声トレ！

You might not want to miss this opportunity to meet them.

皆そうしていますよ、常識でしょ：

You're supposed to *do*.

You're supposed to wear a mask.

（皆がしているから）普通マスクはつけるでしょ。

💡 発想のポイント

「皆がやっているからそうしなさい」という、いかにも日本的な発想（同調圧力）は be supposed to *do* で表現できます。「〜するのは常識だよ、普通は〜するものでしょ」などのニュアンスにも対応できます。

🎵 15 秒音声トレ！

You're supposed to wear a mask.

今〜できたりするのかな？：

Would you happen to be able to *do*?

A: Would you happen to be able to translate it for me now?

B: I'm charging you, though.

A: 今それを翻訳できたりするのかな？

B: 料金はいただくけどね。

💡 発想のポイント

カジュアルな言い方でありながら、遠慮がちなお願いの仕方は英語にもあります。Would you happen to be able to *do*? は、文字通り「〜できたりするのかな？」という意味。また、158 で紹介したように、文末の〈..., though〉は、「…だけどね」という意味になります。

🎵 15 秒音声トレ！

A: Would you happen to be able to translate it for me now?

B: I'm charging you, though.

271 知らんけど：(It's) not like I care, though.

I hear they're seeing each other. Not like I care, though.

あいつら付き合いだしたらしいな。知らんけど。

💡 発想のポイント

ふつう文頭の It's は省略され、一息で話されます。「知らんけど」と同じニュアンスで使われる表現です。like の代わりに that を使い、Not that I care, though. も同じように使われます。

🎵 15秒音声トレ！

I hear they're seeing each other. Not like I care, though.

---

272 ついでに（…してくれない?）：

While you're at it, (can you...?)

While you're at it, can you quickly restore my social media account?

（アカウントが凍結されて）ついでに私のSNSアカウントをとっとと元に戻してくれない?

💡 発想のポイント

直訳は「あなたがそこにいる間」で、「ついでに（＝同時に）」というニュアンスを英語化できます。While I'm at it や While we're at it のように、主語を入れ替えて使ってもいいでしょう。

🎵 15秒音声トレ！

While you're at it, can you quickly restore my social media account?

話すメンタルをつくる表現とは？

　皆さんの日々の学びには、きっと「英語を声に出す」練習が含まれているのではないかと思います。発音練習、音読、シャドーイング、暗唱、リピーティング…と英語の発話能力を高めることを目指した練習法は数多くあります。そのどれもが、一定の発話力の向上を約束してくれることは確かです。

　しかし、そのような練習を徹底的にやり込んでいたとしても、現実の手加減なしのスピーキングにおいては、

　「文法的なミスを連発し自己嫌悪でやる気がうせる」

　「そもそも話すタイミングが取れず、ほとんど黙ったままで終わった」

などの現実に直面することも多いでしょう。私自身も過去にはそういう経験があり、心が折れそうになったものです。

◯「ミスなんて恐れずにどんどん英語を話せ」は暴論

　また一方で、「ミスなんて恐れずにどんどん英語を話しなさい」とアドバイスする人もいます。このようなアドバイスを聞くたびに、私は「それは違うだろう！」という気持ちを持ち続けてきました。

　人は「ミスを恐れるな」と言われれば言われるほど、「それができれば苦労しないよね」と思うばかりでさらにミスをすることを恐れてしまう、という悪循環に陥るものです。

このような悪循環になると、せっかく内面に知性がある人でも、現実には「頭の良くない人」「聞いているだけで疲れる人」という印象を与えかねません。これではあまりにももったいないですね。

　また、話し相手がたった一人でオンライン英会話などの優しい先生であればいざ知らず、大人数相手のグループの中での本音で話すスピーディーなおしゃべりでは手も足も出ないことも多いのではないかと思います。

　「ミスを恐れずにどんどん話す」ことができる性格の人は一定数存在しますが、そこには実は大きなリスクがあります。それは、「自分がミスをしていることにさえ気がつかず同じミスをやり続けるリスク」「ミスを繰り返しても会話が成立したと思い込んで、根拠のない自信だけを身につけてしまうリスク」です。

　要するに、大多数の人にとっては「ミスを恐れずどんどん話せ！」というのは理不尽な精神論にすぎません。そうではなく、ミスと心理的なプレッシャーを減らすような技術論があってしかるべきだと考えるのです。

会話の「出だし」で一気にリスクとハードルを下げる

　アウトプット力を磨いている人が現実の手加減のないスピーキングで出会う課題の一つが、会話の「出だし」の素早さです。思っていることを英語で話す能力が高くても、会話の「スタートダッシュ」のスキルがなければ、普段の練習で高めたアウトプットの能力も封じ込められてしまいます。

それなら、「会話の出だしがうまくなる」「ミスをする心理的プレッシャーとミスをしたときのリスクを下げる」ことが同時に解決できる表現とトレーニングさえあれば良い、ということになりますね。

　198ページで紹介した correct me if I'm wrong,（間違っていたら申し訳ありません）などは、出だしに慣れつつリスクとプレッシャーを減らすには最適の表現です。何度も口に出して慣らしていくことが大切です。

6

堂々と話せるビジネス表現

□□□
273
大人の事情で：for political reasons

The project was canceled for political reasons.

大人の事情でそのプロジェクトは中止になったよ。

💡 発想のポイント

「大人の事情」を直訳して、adult（大人の）や situation（事情、状況）などの単語を使ってもしっくりきません。「政治的な理由」ととらえればニュアンスに合います。ビジネスでも日常会話でも活用できる便利な表現です。

🎵 15秒音声トレ！

The project was canceled for political reasons.

□□□
274
察する、空気を読む：read the situation

I count on him because he knows how to read the situation.

彼は察することに長けているから頼りにしているんだ。

💡 発想のポイント

難しく考えずに「状況を読む」ととらえて read を使いましょう。226で紹介した read each other well（以心伝心、心が通じ合っている）とも通じるものがあります。

🎵 15秒音声トレ！

I count on him because he knows how to read the situation.

忖度する：please

Reading the situation, he decided to please the higher-ups.

彼は状況を察して役員たちに忖度することにした。

💡 発想のポイント

「忖度」は 2017 年の新語・流行語大賞に選ばれた言葉。ここでは「（事情など を理解して）相手を喜ばせようとする」と考えましょう。higher-up は「地位の高 い人＝役員」のことです。

🎵 15 秒音声トレ！

Reading the situation, he decided to please the higher-ups.

～の顔色をうかがう、 はれ物に触るように接する： watch out for ～

I'd advise you to watch out for the boss today. She's in a really bad mood.

今日は上司の顔色をうかがったほうがいいと思うよ。すごく機嫌が悪いから。

💡 発想のポイント

watch out for ～ には「（相手の感情・気分）をビクビクと気にしたり、警戒しつ つ敏感に反応する」というニュアンスがあります。「（相手の反応におびえなが ら）はれ物に触るように接する」などの日本語にも対応できます。

🎵 15 秒音声トレ！

I'd advise you to watch out for the boss today. She's in a really bad mood.

(強みなどを)アピールする：showcase

At the interview, I did my best to **showcase** my strengths, and my résumé highlighted my unique value pretty well, I suppose.

面接では、自分の強みをアピールするのに注力したし、履歴書で自分独自の価値がかなり伝わったと思う。

💡 発想のポイント

「アピールする」は注意すべきカタカナ語の一つで、appeal my strengths と言っても通じません。show off も使えますが「ひけらかす」というニュアンスも多少あり、showcase を使う方が安全です。

🎵 15秒音声トレ！

At the interview, I did my best to showcase my strengths, and my résumé highlighted my unique value pretty well, I suppose.

(欠かせない)器、才能、資質、要件：

what it takes

You do have **what it takes** to be the project leader, so stop worrying, and focus on what you need to do now.

君には間違いなくプロジェクトリーダーになれる器があるから、何も心配しないで今やるべきことに集中するんだ。

💡 発想のポイント

直訳は「必要とされるもの」で、「欠かせない資質」というニュアンス。「才能＝talent」「器、資質＝material」という直訳でもいいですが、**関係詞 what** を含む what it takes を使うと、会話で応用できるようになります。

🎵 15秒音声トレ！

You do have what it takes to be the project leader, so stop worrying, and focus on what you need to do now.

ギスギスした空気、ヒリついた雰囲気：

tension

Increased tension in the workplace can really impact the way we function as a team.

仕事場のギスギスした空気のせいで、チーム全体がうまく機能しなくなってる。

💡 発想のポイント

tension の直訳は「張力、ピンと張っていること」。そこから、職場などの「場の緊張感、張り詰めた空気」を指し、「ギスギスした空気」というニュアンスになります。function は「機能する」という意味の動詞。

🎵 15 秒音声トレ！

Increased tension in the workplace can really impact the way we function as a team.

鋭意 (〜しております)：

to the best of *one*'s ability

I'm working on it to the best of my ability. Thank you all for your patience.

その件につきましては、鋭意取り組んでおります。皆様にはお待ち（ご理解）いただき、ありがとうございます。

💡 発想のポイント

to the best of *one*'s ability は「能力いっぱいまで（〜している）」という意味。自分の努力をアピールする際などによく使われます。

🎵 15 秒音声トレ！

I'm working on it to the best of my ability. Thank you all for your patience.

適切に対処する：act accordingly

I had to learn that not everything goes as planned. You've got to stay focused and **act accordingly**.

何事も計画通りには行かないと思い知らされた。集中力を失わず、適切な対処をしないといけない。

💡 **発想のポイント**

act accordingly は「（状況に応じて）適切に対処・対応する」という意味で覚えておくと、ビジネスシーンでとても便利です。

🎵 **15秒音声トレ！**

I had to learn that not everything goes as planned. You've got to stay focused and act accordingly.

折れる：give in

It was a tough negotiation, but they finally **gave in**.

大変な交渉だったけど、先方がついに折れてくれた。

💡 **発想のポイント**

give in には「（圧力によって建物などが）つぶれる、壊れる」という意味があり、転じて「応じる、受け入れる、降参する＝折れる」の意味でもよく使われます。

🎵 **15秒音声トレ！**

It was a tough negotiation, but they finally gave in.

先手を取る：proactive

You should be **proactive** no matter what you do.

何をやるにしても、先手を取るようにしなさい。

💡 **発想のポイント**

proactive には「先を見越した、先回りした、積極的な」という意味があり、転じて「先手を取る（姿勢の）」という意味で使用できます。反意語の reactive とセットで覚えておきましょう。

🎵 **15秒音声トレ！**

You should be proactive no matter what you do.

□□□
284

後手後手の (対応)：reactive

Our company needs to stop being reactive and begin planning beyond an economic downturn.

当社は後手後手の対応を改め、経済の停滞の先を見越した計画を立てる必要がある。

💡 発想のポイント

reactive には「(先手を打たずに) 問題が起きてから対応する」という意味があり、「後手後手の」というニュアンスを表現できます。

🎵 15秒音声トレ!

Our company needs to stop being reactive and begin planning beyond an economic downturn.

□□□
285

発生する、起こった：There is/was ~

There was a big problem. There was an earthquake in the area I live in and there was a car-wreck caused by the quake that kept me in traffic for three hours.

大きなトラブルがあった。自分が住んでいる地域で地震があり、その地震のせいで起きた車の衝突事故で3時間渋滞にはまってしまったんだ。

💡 発想のポイント

「(何かが)発生する、起こった」と言いたいときに、happen や occur ばかり使うのはやめましょう。もっとシンプルに **There 構文**で説明するよう心掛けましょう。

🎵 15秒音声トレ!

There was a big problem. There was an earthquake in the area I live in and there was a car-wreck caused by the quake that kept me in traffic for three hours.

とりあえず：for now

For now, let's just wait and see how it goes.
とりあえず待って、状況がどうなるか見てみよう。

💡 発想のポイント
具体的な内容を考えると、「今のところ」を意味する for now で事足りるとわかります。

🎵 15秒音声トレ！
For now, let's just wait and see how it goes.

タイミングよくやる：time it

Don't start it right away. You should **time it** for maximum gain.
すぐに始めてはダメだ。タイミングよくやって利益を最大化しないと。

💡 発想のポイント
time は名詞だけでなく、「〜の最適な時間（時期・タイミング）を決める」という意味の動詞としても使われます。

🎵 15秒音声トレ！
Don't start it right away. You should time it for maximum gain.

得るものが多い：meaningful

This opportunity is **meaningful** to me both as a professional and as a person.
この機会は私にとって、職業人としてだけではなく、一人の人間として得るものが多いです。

💡 発想のポイント
英語で「何か（前向きなこと）を言わなければいけないとき」や「話すことがないとき」に使えば、何とか格好がつく便利な表現です。

🎵 15秒音声トレ！
This opportunity is meaningful to me both as a professional and as a person.

当たりさわりのない、事なかれ主義の：

risk averse

Everything he does and says is just so risk averse.

彼の行動も発言も、とにかく当たりさわりのないものだな。

💡 発想のポイント

直訳は「リスク回避型の、リスクを冒したがらない」で、「当たりさわりのない」というニュアンスを表します。「問題やリスクをとにかく避けようとする」という意味と文脈では、「事なかれ主義」という日本語にも対応できます。形容詞 averse は「（～を）嫌って」という意味。

🎵 15秒音声トレ！

Everything he does and says is just so risk averse.

敵を作らない性格、事なかれ主義の：

conflict averse

Our new boss is completely conflict averse, so he blames things on his subordinates while not making any decisions himself.

新しい上司は実に事なかれ主義で、部下に責任を押し付けながら、自分では何の決定も下さない。

💡 発想のポイント

直訳は「対立を回避する態度の」で、良い意味でも悪い意味でも使います。「波風を立てずに物事を進めようとする」「自分の意見を言わずに、場の雰囲気に流される」イメージもあり、こちらも「事なかれ主義」という日本語に対応します。

🎵 15秒音声トレ！

Our new boss is completely conflict averse, so he blames things on his subordinates while not making any decisions himself.

6

堂々と話せるビジネス表現

☐☐☐ （うまく）**立ち回る**：tap into the situation
291

He knows how to **tap into the situation** for his own benefit.

あいつは自分が得をするために、うまく立ち回る術を知っているな。

💡 **発想のポイント**

tap into ~ には「～をうまく利用する」という意味があり、「うまく立ち回る」のニュアンスを表現できます。

🎵 **15秒音声トレ！**

He knows how to tap into the situation for his own benefit.

☐☐☐ （場を）**丸く収める**：
292

de-escalate/ease the situation

Things got a little wild, but he knows how to **de-escalate the situation**, and it'll be under control soon.

ちょっと大変でしたが、彼は場を丸く収められるので、すぐに収拾がつくでしょう。

💡 **発想のポイント**

de-escalate は「（緊張・対立など）を徐々に・段階的に緩和する」という意味で、「丸く収める」のニュアンスになります。ほぼ同じ意味で ease the situation という表現も使えます。

👍 **こんな言い方もできる**

Instead of being confrontational, you need to **ease the situation**.
角が立たないようにして、丸く収めることが必要だよ。

🎵 **15秒音声トレ！**

Things got a little wild, but he knows how to de-escalate the situation, and it'll be under control soon.

(理由は)お察し：I'm sure you know why.

I'm leaving this company, and **I'm sure you know why.**

この会社を退職することにしました。理由はお察しの通りです。

💡 **発想のポイント**

「お察しの通りです」のニュアンスに迫るなら、I'm sure you know why.（理由は知ってるでしょ?）が便利です。Twitter などの SNS で冗談っぽく使う「（理由は）お察し」にも使えます。

🎵 **15 秒音声トレ!**

I'm leaving this company, and I'm sure you know why.

(〜を)わかってもらう、理解してもらう：

get *one*'s point across

I was actually struggling to put it into words, but I guess I managed to **get my point across.**

実は（それを）言語化するのに手間取っていたんですが、（先方には言いたいことが）何とかわかってもらえたようです。

💡 **発想のポイント**

get *one*'s point across の直訳は「ポイント（＝言いたいこと）を届ける」で、「〜を相手にわかってもらう」というニュアンスで使われます。

🎵 **15 秒音声トレ!**

I was actually struggling to put it into words, but I guess I managed to get my point across.

…という体で、…のふりをして：
make it look like...

Don't worry. We can make it look like you know nothing about the new project.

心配しなくていい。君が例の新プロジェクトについては何も知らない、という体でいくから。

 発想のポイント

直訳は「（状況を）…のように見えるようにする」。ビジネスでよく使う「…という体で」のニュアンスを表すことができます。

♬ 15秒音声トレ！

Don't worry. We can make it look like you know nothing about the new project.

骨抜きにする：
make ~ meaningless/powerless

Just boycott the event and make it meaningless so we can make our boss powerless too.

とにかくそのイベントをボイコットして骨抜きにするんだ。そうすれば、上司も骨抜きにできるしね。

 発想のポイント

「骨抜きにする」は、「無意味化・無力化する（make ~ meaningless/powerless）」ととらえるとよいでしょう。

♬ 15秒音声トレ！

Just boycott the event and make it meaningless so we can make our boss powerless too.

(話や議論を)すり替える：

talk about something else

Hey, stop talking about something else. I know you're doing that on purpose.

ねぇ、話をすり替えるのをやめてくれる？　わざとやってるの、わかってるから。

💡 発想のポイント

「(話題や議論を)すり替える」という日本語も、「(わざと・あえて)ほかの話をする」と考えれば簡単に英語化できます。

🎵 15秒音声トレ！

Hey, stop talking about something else. I know you're doing that on purpose.

話が飛ぶ、脱線する、支離滅裂になる：

jump around

I tend to jump around when I give a presentation, so let me know if I do.

私はプレゼン中に話が飛んでしまうから、そういうときは教えてね。

💡 発想のポイント

get sidetracked（話が脱線する）や incoherent（支離滅裂な、話が飛んだ）なども考えられますが、よりカジュアルで使いやすい表現として jump around を覚えておきましょう。

🎵 15秒音声トレ！

I tend to jump around when I give a presentation, so let me know if I do.

手段の目的化：do ~ for the sake of it

No matter what it is, I don't think you should do things just for the sake of it.

何でもそうだけど、手段の目的化はありえないと思っている。

💡 発想のポイント

for the sake of it には「それ自体を目的として」という意味があり、「手段の目的化」のニュアンスを表すときに便利です。例文では things（＝いろいろ、物事一般）を使い、より汎用性を高めています。

🎵 15秒音声トレ！

No matter what it is, I don't think you should do things just for the sake of it.

不意に発生する、ポンと出てくる：
crop up (out of nowhere)

I fixed a problem that cropped up out of nowhere today, so I'm happy to say that I'm right back to where I started yesterday.

今日突然出てきた事案に対応して、昨日開始した状態に戻せてよかった。

💡 発想のポイント

crop up は「突然現れる、起こる」という意味。out of nowhere（どこからともなく、降ってわいたように）を追加すると、予想外であることをさらに強調できます。

🎵 15秒音声トレ！

I fixed a problem that cropped up out of nowhere today, so I'm happy to say that I'm right back to where I started yesterday.

割り切っていく① : realistic

We did everything we could, but I guess it's time to be realistic about things.

できることはやり尽くしたが、いろいろ割り切っていかないといけない時がきた。

 発想のポイント

直訳は、おなじみの「現実的な」。「(理想や理屈よりも) 現実を受け入れる➡割り切っていく」と解釈しましょう。

♪ 15秒音声トレ!

We did everything we could, but I guess it's time to be realistic about things.

割り切っていく② :

accept it and move on

What happened happened. Let's just accept it and move on!

起こったことは仕方ない。割り切って行こう!

 発想のポイント

直訳は「(状況などを) 受け入れて、前に進む」となり、「割り切っていく」のニュアンスになります。

♪ 15秒音声トレ!

What happened happened. Let's just accept it and move on!

どこまでが〜なのか：
draw the line between A and B

We need to figure out where to draw the line between harassing somebody **and** having a normal conversation.

どこまでがハラスメントでどこまでが普通の会話なのかを見極める必要があります。

💡 発想のポイント

「どこまでが〜なのか」を at what point を使って直訳するのではなく、「線引きの位置」ととらえると文を作りやすくなります。

🎵 15秒音声トレ！

We need to figure out where to draw the line between harassing somebody and having a normal conversation.

うれしい悲鳴、痛しかゆし：
a nice problem to have

There are too many customers to handle! It's definitely a nice problem to have, though.

さばき切れないくらいお客さんが来てる！　うれしい悲鳴であることは間違いないんだけど。

💡 発想のポイント

「いい意味での問題」ということで、「うれしい悲鳴」のニュアンスになります。

🎵 15秒音声トレ！

There are too many customers to handle. It's definitely a nice problem to have, though.

水掛け論：
he said/she said

This case is nearly impossible to prove, and I'm pretty sure it'll come down to a "he said/she said."

この事案での証明はほぼ不可能だし、おそらくは水掛け論になってしまうだろう。

💡 発想のポイント

直訳は「"彼は言った彼女は言った"の議論」で、「水掛け論（＝言った言っていないの議論）」のニュアンスを簡単な単語で表現できます。文脈によっては empty argument（無意味な議論）とすることもできます。

🎵 15秒音声トレ！

This case is nearly impossible to prove, and I'm pretty sure it'll come down to a "he said/she said."

泥沼化、ドツボ：slippery slope

We're on a slippery slope, and it could be unstoppable, sadly.

当社は泥沼にはまって、残念ながらもう止めようがない。

💡 発想のポイント

直訳は「滑りやすい坂道」で、（何らかのきっかけで）悪い方向へ転落したり、負の連鎖に陥るという意味。手の施しようがなく転落していくイメージで、「泥沼化、ドツボ」のニュアンスになります。

🎵 15秒音声トレ！

We're on a slippery slope, and it could be unstoppable, sadly.

□□□ 仮定の質問：hypothetical question
306

I won't answer a hypothetical question because it's pointless and I don't expect such a thing to happen in the near future.

仮定の質問には答えませんよ。そんなことは無意味だし、そのような事態が近い将来起こるとも思っていないので。

 発想のポイント

hypothetical question は交渉やディベート、ディスカッションで便利な表現。「仮説・仮定・仮想に基づいた」という意味で非常によく使われます。

♫ 15秒音声トレ！

I won't answer a hypothetical question because it's pointless and I don't expect such a thing to happen in the near future.

□□□ （職業での）つきもの、避けて通れないもの、
307
職業病：what this job entails

Few people know what this job actually entails.

この仕事をする上で避けられないものを知る人は少ない。

 発想のポイント

英語的な**無生物主語**の発想です。直訳は「この仕事に必然的に伴うもの」で、「仕事上避けられない」というニュアンスに。文脈によっては「職業病、避けられないリスク」といった意味にもなります。

♫ 15秒音声トレ！

Few people know what this job actually entails.

この図をご覧の通り…：

This figure shows...

This figure shows us what's happening.

この図をご覧の通り、これが現状です。

💡 発想のポイント

プレゼンで PowerPoint などの視覚的な資料を使うときに重宝します。「現状・状況」も situation のような直訳から離れて、what's happening を使って英語の運用力を高めましょう。

🎵 15秒音声トレ！

This figure shows us what's happening.

（この商品は）〜付きです：

(This product) comes with 〜

This product comes with a warranty that guarantees our users excellent service and peace of mind.

この製品は、顧客の皆様へ卓越したサービスと安心をお約束する保証付きです。

💡 発想のポイント

直訳は「この商品は〜とともにやってくる」で、英語らしい**無生物主語**の発想の表現です。

🎵 15秒音声トレ！

This product comes with a warranty that guarantees our users excellent service and peace of mind.

6

堂々と話せるビジネス表現

裏目に出る：backfire

It looks like things are in our favor, but be careful. This could backfire.

こちらに有利な状況にも見えるが、気をつけろよ。裏目に出ることだってある。

💡 発想のポイント

backfire とは、エンジン内で燃えるべきガスがエンジンの外で爆発し、炎が逆流する現象のこと。そこから、計画などが期待はずれの結果に終わる、つまり「裏目に出る」ときにも使われます。これも**無生物主語**となっていることに注目しましょう。

🎵 15秒音声トレ！

It looks like things are in our favor, but be careful. This could backfire.

テキパキやらないとダメだ：

It has to happen fast.

It has to happen fast because we're already way behind schedule.

すでに予定より大幅に遅れているから、テキパキやらないとダメだ。

💡 発想のポイント

無生物主語の発想です。直訳は「それは速く起こらないといけない」で、「テキパキとやらないとダメだ」というニュアンスになります。

🎵 15秒音声トレ！

It has to happen fast because we're already way behind schedule.

折り入ってお願いが：

I have a big ask/favor.

I have a big ask for you... Please feel free to say no... I won't be offended.

折り入ってお願いがあって…無理ならダメだと言ってね…何とも思わないから。

💡 **発想のポイント**

一見訳しにくいこの日本語も I have a big ask/favor. で英語化できます。ask が「お願いや頼みごと」を指すのに対して、favor は「恩や親切」を意味します。

🎵 **15秒音声トレ！**

I have a big ask for you... Please feel free to say no... I won't be offended.

はっきりさせておくが、言っておくが：

Just to clear that up...

Just to clear that up for everyone, I've never been involved in it.

皆さん、はっきりさせておきますが、この件に私は一切関わっておりません。

💡 **発想のポイント**

Just to clear that up (for ~) には「（〜に対して）物事を明らかにしておく」という意味があり、慣用的によく使われます。

🎵 **15秒音声トレ！**

Just to clear that up for everyone, I've never been involved in it.

〜の出番：where 〜 comes in

We need to increase our cybersecurity and fraud-detection efforts, which is exactly **where AI comes in**.

当社はサイバーセキュリティと不正検知の対応を強化する必要があり、そこでまさに AI の出番となるのです。

 発想のポイント

where 〜 comes in は、「〜の出番」と一語のようにセットで覚えてしまいましょう。fraud-detection は「不正行為の発見・検知」という意味。

🎵 15 秒音声トレ！

We need to increase our cybersecurity and fraud-detection efforts, which is exactly where AI comes in.

もし…だったら？：What if...?

What if it doesn't turn out the way we planned? **What if** I fumble on this one. I can't stop asking myself.

計画通りに行かなかったらどうしよう？　今回の件でやらかしたらどうしよう？　自問自答が止まらないよ。

💡 発想のポイント

What if...?（もし…だったらどうしよう？）は、ひとりごと英語練習に最適の表現です。仮定の思考が英語でできるので、ビジネスでの要点とリスクを瞬時に伝える練習になります。

🎵 15 秒音声トレ！

What if it doesn't turn out the way we planned? What if I fumble on this one. I can't stop asking myself.

前向きに検討する ① (タテマエ➡遠回しな No)：

see what *one* can do

All right. Let's wait and see how things play out, and we'll see what we can do.

状況がどう展開するかを見た上で、前向きに検討したいと思います。

💡 発想のポイント

日本的な「あいまいな言葉による "No"」ですが、言い方によっては "Yes" と誤解される危険性があります。We'll see what we can do.（何ができるかわかるでしょう）と、上手にリスク回避をしながら英語化しましょう。

🎵 15 秒音声トレ！

All right. Let's wait and see how things play out, and we'll see what we can do.

前向きに検討する ②(本気で検討➡タテマエではなく Yes)：

consider ~ seriously

Thank you for bringing the idea up. We'll consider it seriously.

アイデアのご提案をありがとうございます。前向きに検討したいと思います。

💡 発想のポイント

①のタテマエ (= No) とは違い、「本当に（実行することを視野に入れて）検討する」場合には consider ~ seriously や give ~ serious consideration を使うと誤解を避けられます。

🎵 15 秒音声トレ！

Thank you for bringing the idea up. We'll consider it seriously.

間違っていたら申し訳ありませんが…:
correct me if I'm wrong, (but...)

Please correct me if I'm wrong, but everything I've ever read says otherwise.

（こちらが）間違っていたら申し訳ないですが、私がこれまで読んだものにはそうは書かれていません。

💡 発想のポイント

「間違っていたら言ってください」「自信はないのですが」のように、謙虚なニュアンスになるフレーズです。「謙虚なのに命令文」という珍しいパターンですね。意見などを話し始めるときによく使います。

🎵 15秒音声トレ！

Please correct me if I'm wrong, but everything I've ever read says otherwise.

そこを何とか、ご無理を承知でお願いします:
I know this is a lot to ask, but...

I know this is a lot to ask, but please consider purchasing our product. You won't regret it. I promise you...

そこを何とかお願いします。当社の製品を仕入れていただけませんでしょうか？　後悔はさせません。間違いなく…。

💡 発想のポイント

直訳すると、「多くをお願いしていることはわかっているのですが」です。「そこを何とか」と依頼する日本語のニュアンスに近い表現です。

🎵 15秒音声トレ！

I know this is a lot to ask, but please consider purchasing our product. You won't regret it. I promise you...

差し出がましいでしょうが、出しゃばりでしょうが：

I don't mean to be too forward, but...

I don't mean to be too forward, but I don't think it's a good idea.

差し出がましいでしょうが、いい案には思えません。

💡 発想のポイント

too forward は「前に出すぎ＝出しゃばる、差し出がましい」の意味です。I don't mean to do は「〜するつもりはありませんが」となり、言いにくい内容を伝えやすく緩和してくれます。

🎵 15秒音声トレ！

I don't mean to be too forward, but I don't think it's a good idea.

…したらいかがでしょうか？：

(Please) allow me to suggest that...

Please allow me to suggest that you look into the details of what is happening behind the scenes.

裏側（見えないところ）で何が起こっているか、調査してはいかがでしょうか？

💡 発想のポイント

ビジネスシーンでも使える表現で、「提案をすることをお許しください」というニュアンスです。目上の人にも意見が言いやすくなります。behind the scenes は「陰で、ひそかに」という意味。

🎵 15秒音声トレ！

Please allow me to suggest that you look into the details of what is happening behind the scenes.

…という理解でよろしいでしょうか？：
Can we say (that)…?

So, **can we say** things have been going as planned for the most part so far?

大まかに言って、今までのところは計画通りに進んでいる、という理解でよろしいでしょうか？

💡 発想のポイント

Do you think...? や Do you agree...? などと比べて、シンプルかつスマートに相手の同意を求められる表現です。

🎵 15秒音声トレ！

So, can we say things <u>h</u>ave been going <u>as</u> planned for the most part so far?

…ということは忘れないようにしつつ：
not ignoring the fact that…

We need to prioritize what to do, **not ignoring the fact that** we have to get through everything on our agenda.

アジェンダにある内容のすべてを実行しなければならないことは忘れないようにしつつ、やるべきことに優先順位をつけましょう。

💡 発想のポイント

ディスカッション、ディベート、ビジネス会議などでの混乱をまとめるのに便利な表現です。「…は念頭に置きつつ」と言いながら、相手からの反論も未然に抑え込むことができます。

🎵 15秒音声トレ！

We nee<u>d</u> to prioritize wha<u>t</u> to do, no<u>t</u> ignorin<u>g</u> the fac<u>t</u> tha<u>t</u> we ha<u>ve</u> to get through everything <u>on our</u> agenda.

その節はありがとうございました：
I still appreciate your help.

I hope all is well with you. **I still appreciate your help.** Just to let you know.

もろもろ順調でしょうか？ その節はありがとうございました。そうお伝えしたくて。

💡 発想のポイント

日本語で反射的に言ってしまう表現ですね。「今でも助けてくださったことをありがたく思っている」と解釈し、still appreciate your help とすれば、日本語とほぼ同じ気持ちを伝えることができます。

🎵 15秒音声トレ！

I hope all is well with you. I still appreciate your help. Just to let you know.

またご縁があればいいのですが：
I hope our paths will cross someday/ again.

I'm so glad we met, and **I hope our paths will cross again** someday.

本当にお会いできて良かったです。またご縁があることを願っております。

💡 発想のポイント

直訳は「私たちの道がまた交差することを願う」で、「またご縁があることを願います」のニュアンスを再現できます。

🎵 15秒音声トレ！

I'm so glad we met, and I hope our paths will cross again someday.

〜に気を使わせたくない、負担になりたくない：
I don't want to impose on ~.

Thank you for the offer, but I don't want to impose on you.

ご提案をくださいまして、ありがとうございます。でもお気を使わせたくはないんです。

💡 発想のポイント

典型的な直訳できない日本語です。I don't want ~ to worry. や I don't want to bother ~. などでは子供っぽく聞こえ、真意も伝わりにくくなります。そこで、I don't want to impose on ~. (〜に義務や難題を課したくない) という表現で本来のニュアンスに迫りましょう。同じ意味で、I don't want to make ~ feel obligated. (〜に〔義務感から〕"何かしなければ"と思わせたくない) という表現もよく使われます。

🎵 15秒音声トレ！

Thank you for the offer, but I don't want to impose on you.

ブラック企業：They'd exploit you.

If you worked there, they'd exploit you like all the other corporate slaves! I mean, they'd eat you alive! I'm telling you.

あそこで働いたら、ほかの社畜みたいにブラック企業の犠牲になってしまうよ。というか、奴らの餌食にされる。本気で言ってるんだ。

💡 発想のポイント

They'd exploit you. で、「（あそこで働けば）搾取されるよ」というニュアンス。特別な用語を知らなくても「ブラック」の内容を簡単に説明できます。

🎵 15秒音声トレ！

If you worked there, they'd exploit you like all the other corporate slaves! I mean, they'd eat you alive! I'm telling you.

自分の「日本語」を起点に
瞬発力を高める①

　私は仕事の一環として、同時通訳のかたわら、通訳者を目指して日本で英語を学んでいる方々へのスピーキングや通訳技術のクラスを受け持っていますが、そこでふと気づいたことがあります。

　それは、成人してから英語を「学習（learn/study）」した人と、子供時代に英語圏で長く生活して英語を「吸収（acquire）」してきた人たちには決定的な違いがあることです。私はこの「違い」にこだわり、両方の長所を身につけることを目標に、英語を独学し同時通訳をしてきました。

　では、その違いとは何でしょうか？

　成人してから英語を「学習」してきた人は、例えば時事問題などの高度な内容についてある程度はディスカッションやディベート、そして通訳もできるのですが、「普段の何気ないスピーディーな会話」、とくにネイティブスピーカーが何人もいるような環境になると途端に手も足も出なくなります。言い換えると、「通訳はある程度できるのに、自然な会話が苦手」という極めて不自然な現象が起こっているのです。

　ここで、「あんなに勉強したのに、私の英語は役に立たないじゃないか！」と諦めるのはあまりにももったいなさすぎます。当たり前の話ですが、自然でカジュアルな会話を自由に楽しめる人

が知識を学んだ方が、内容のある深い会話をよりよく行うことができるのです。というのも、例えば通訳では、固い内容の講演からカジュアルな言葉と雰囲気で行われる「質疑応答」までいろいろあり、それらに柔軟に対応できることが理想だからです。

◯ 答えは「主語のない日本語」にある

この「違い」を解決するための、私が発見した最も手っ取り早く効果的な方法は、**普段自分が話す「主語のない日本語」をすべて英語で言えるようにすること**、でした。こう書くと大変な作業のように思えますが、そんなことはありません。「主語が It」の英文に注目すればいいのです。Chapter 1 でも説明したように、ネイティブが仲間内で話すときは「主語に It が使われる」頻度が高くなるのですから。

不思議なことに、日常的に It で始まる英文に注意を向けるようにしていると、「日本語でいつも言っていて、英語に訳せそうで訳せない表現」に対応する英語にどんどん出会えるようになりました。

そうした表現が目や耳に飛び込んでくるようになったら、自分でも声に出すことで、動画を見ながら英語で感想を口にしたり、英語で「ひとりごと」を言う練習もはかどるようになります。

また、It の次にくる動詞は極めて基本的なものが大半で、その分ネイティブスピーカーが文字通り「呼吸をするように」使っているものばかり。すなわち、英語と日本語の間にある「発想」のギャップを越えることができるのです。

「必死で暗記したものを思い出す」から「思わず口に出てしま

った」の領域へ──。自分は普通に英語を話せる人なんだ、そんな実感が得られるようになります。

　知識やボキャブラリーを増やしつつ、発想の違いを意識する視点を持って英語のスピーキング力を高めていくのが理想です。

7

英語で「返し」の達人になる

うまくいってる？： Is it going okay?

You told me you started a new project the other day. Is it going okay?

新しいプロジェクトを立ち上げたってこの前言ってたよね？　うまくいってる？

💡 発想のポイント

文脈によって、仕事、計画、練習などに対し、「うまくいってる？」と聞くときに使えます。

🎵 15秒音声トレ！

You told me you started a new project the other day. Is it going okay?

忘れ物はない？：
Do you have everything?

Do you have everything? Are you sure?

忘れ物はない？　本当に大丈夫？

💡 発想のポイント

Don't forget your belongings. などよりやわらかい表現で、サラっと口に出すとよいでしょう。直訳すると「(持ち物を)全部持った？」という意味です。

🎵 15秒音声トレ！

Do you have everything? Are you sure?

どっちかっていうとどっち？：

Which (one) is it more of?

I hear people say she is equally smart and funny. But which is it more of? Probably smart?

彼女は頭が良くて面白いって言われてるけど、どっちかっていうとどっち？やっぱり頭がいい方が勝ってるかな？

💡 発想のポイント

日本語ではほとんど無意識に言っているのに、英語では意外と言えない表現の典型です。あいづちとして覚えてしまいましょう。

🎵 15秒音声トレ！

I hear people say she is equally smart and funny. But which is it more of? Probably smart?

覚悟していた、やっぱりね：

I saw it coming.

I saw it coming long ago, but I'm just not ready to accept it.

覚悟はしてたけど、受け止める心の準備ができていない。

💡 発想のポイント

「こうなることは目に見えていた➡やっぱりね➡覚悟はしていた」という解釈です。I had it coming. とも言えます。

🎵 15秒音声トレ！

I saw it coming long ago, but I'm just not ready to accept it.

イヤなものはイヤ、生理的にダメ：
I hate what I hate.

Whatever you say, **I hate what I hate.**
君が何と言おうが、ムリなものはムリだから！

💡 発想のポイント

直訳すると「(私が) 嫌いなものは嫌い」となり、「理屈ではなく感覚的に受け入れられない➡ムリなものはムリ」というニュアンスが伝わります。

🎵 15秒音声トレ！
Whatever you say, I hate what I hate.

ガチで言ってる： I'm telling you.

It's not looking good... **I'm telling you.**
この状況はやばい。ガチで。

💡 発想のポイント

話を信じない相手に「本当なんだよ！」と伝えたり、念押しするときに便利な表現です。「ガチで (〜なんだよ)」「信じてくれ、わかってくれ」というニュアンスに近づくことができます。

🎵 15秒音声トレ！
It's not looking good... I'm telling you.

私もそうだったよ、私もそんな経験がある：
I've been there.

I know how you feel. **I've been there.**
その気持ちはわかるよ。私もそうだったから。

💡 発想のポイント

直訳は「私もそこに行ったことがある」という「場所」に例えたイメージ。転じて「私もそうだったよ」というニュアンスになります。

🎵 15秒音声トレ！
I know how you feel. I've been there.

極端な例だよ、論点を明確にしている：
I'm just making a point.

A: I don't think that's realistic!
B: Calm down. **I'm just making a point.**

A: そんなの現実にはありえないでしょ。
B: 落ち着けよ。極端な例だろ。

💡 発想のポイント

make a point には「強調する」という意味があり、I'm just making a point. には「（あえて極端な例を出して）こちらの理屈を明確にする、わかりやすく話している」というニュアンスがあります。

🎵 15秒音声トレ！

A: I don't think that's realistic!
B: Calm down. I'm just making a point.

その手には乗らないよ、引っかかるもんか：
I'm not playing your game.

Nice baiting tactic. I'm not playing your game, though.

「釣り」がうまいじゃん。その手には乗らないけどね。

💡 発想のポイント

「君が主導するゲームには参加しない」というイメージで、転じて「その手には乗らないよ、そちらのペースには乗らない」という意味になります。I won't play your game. という言い方もあります。また、bait には「（わな）に餌をつける」という意味があり、baiting tactic は「おとり・釣りを使ったやり方」を指します。

🎵 15秒音声トレ！

Nice baiting tactic. I'm not playing your game, though.

主語が大きい① : overgeneralize

You should stop overgeneralizing like that. Not everybody thinks the way you do, obviously.

主語がでかすぎるよ。誰もが君のような考えなわけがないでしょ。

💡 発想のポイント

「日本人は礼儀正しい」とか「若者は言葉遣いが汚い」のように、「本来は自分だけの意見なのに、さも大勢が主張しているかのように言う」場合に使える表現です。反論する場合は、Stop overgeneralizing.（過剰な一般化をやめなさい）で事足ります。

🎵 15秒音声トレ!

You should stop overgeneralizing like that. Not everybody thinks the way you do, obviously.

- -

主語が大きい② : Be more specific!

Be more specific! I mean, you should stop overgeneralizing.

もっと具体的に言ってくれ！　というか、一般化しすぎるのはやめようよ。

💡 発想のポイント

「主語が大きい」は「過剰な一般化」のことですから、さらに踏み込んで命令文で Be more specific.（より具体的に）とすると意図が伝わります。「主語が大きい」は、文脈によって①と②を使い分けるといいでしょう。

🎵 15秒音声トレ!

Be more specific! I mean, you should stop overgeneralizing.

そこまでしなくていい、そのくらいでいい：
Just leave it at that.

You've done enough. Just leave it at that, and get some rest at home.

君はよくやったよ。そのくらいでいいから（そこまでしなくていいから）、家で体を休めなよ。

💡 発想のポイント

You don't need to do. などと言うよりも、一歩踏み込んで Just leave it at that. とすれば「そのへんでやめなよ」というニュアンスが伝わりやすくなります。また「（～と）関わるのはもうよせ」という意味にもなります。

🎵 15秒音声トレ！

You've done enough. Just leave it at that, and get some rest at home.

水くさい：
Don't treat me like a stranger!

Just tell it to me straight. I mean, don't treat me like a stranger!

はっきり言ってくれよ。水くさいな！

💡 発想のポイント

直訳は「よそ者のように扱わないで」で、「水くさい」というニュアンスになります。シンプルに I'm your friend! と言ってもいいでしょう。

🎵 15秒音声トレ！

Just tell it to me straight. I mean, don't treat me like a stranger!

それはどうかな、そうでもないけど：
That's what you think.

That's what you think, but that's not what I'm getting at.

それはどうかな？　私が言おうとしてるのは、そんなことじゃないけど。

💡 発想のポイント

「君はそう思っているだろうが、実は違う」というニュアンスです。

🎵 15秒音声トレ！

That's what you think, but that's not what I'm getting at.

そういう問題じゃない、そんな話じゃない：
That's not what I'm saying.

That's not what I'm saying. If you're going to disagree with me, at least read what I'm saying.

そういう問題じゃないでしょ。もし意見が違うにしても、少なくとも私の書いてることを（ちゃんと）読んだらどう？

💡 発想のポイント

直訳は「それは私の言っていることではない」。**関係詞 what** を使えば、例えば「問題」を problem や issue と逐語的に訳さなくても楽に話せるようになります。関係詞は柔軟な発想と、発話の瞬発力アップに役立ちます。

🎵 15秒音声トレ！

That's not what I'm saying. If you're going to disagree with me, at least read what I'm saying.

矛盾していますよ：
That's not what you said.

That's not what you said, though. I want you to say what you mean and mean what you say.

それって矛盾してるよね。伝えたいことを、真剣に言ってほしい。

💡 **発想のポイント**

「矛盾」を contradiction とすることもできますが、**関係詞 what** を使えば That's not what you said. (それはあなたが言ったことと違う) と矛盾のニュアンスをうまく表せます。2文目の what の応用はそれぞれ、say what you mean (伝えたいことを言う)、mean what you say (本気で伝えたいこと言う) という意味です。

🎵 **15秒音声トレ！**

That's not what you said, though. I want you to say what you mean and mean what you say.

聞かなかったことにしてくれ：
You didn't hear that, okay?

You didn't hear that, okay? I should never have told anyone.

聞かなかったことにして。誰にも言うべきじゃなかったんだ。

💡 **発想のポイント**

「見なかったことにしてくれ」であれば、You didn't see that, okay? となります。

🎵 **15秒音声トレ！**

You didn't hear that, okay? I should never have told anyone.

好き嫌いが分かれる：
You either love it or hate it.

There's no middle ground with Osaka. **You either love it or hate it.**

大阪って極端な街なんだ。好き嫌いが分かれるんだよね。

💡 発想のポイント

よく知られた定型表現です。主語の You は「一般的な話をするときの you」で、口語から英英辞典まで、実によく使われています。people や we と同じかそれ以上の頻度で使われるので、ぜひ声に出して練習しましょう。

🎵 15秒音声トレ！

There's no middle ground with Osaka. You either love it or hate it.

あなたはあなたの意見があっていい：
You're entitled to your opinion.

That's objectively untrue, but **you're entitled to your opinion**, and I have little interest in trying to change your mind. Have a good day.

それは客観的には間違いだけど、あなたにはあなたの意見があっていいし、私はあなたの考えを変えたいとか思ってはいないよ。では、そういうことで！

💡 発想のポイント

無意味と判断した議論（やその相手）を華麗にスルーして、スマートに収束させる技あり表現です。be entitled to ~ は「~を持つ資格（権利）がある」という意味で、「そういう見方もあるね、意見は違って当然ですよね」といった日本語にも相当します。冷静に用いることで、第三者からの印象も良くなります。

🎵 15秒音声トレ！

That's objectively untrue, but you're entitled to your opinion, and I have little interest in trying to change your mind. Have a good day.

そんなのお互い様でしょ：

We're both in the same boat.

How can you blame me like this? We're both in the same boat. I mean, you're equally guilty.

よくそうやって私を責められるよね。お互い様でしょ。というか、同罪だから。

💡 **発想のポイント**

be in the same boat の直訳は「同じ船に乗っている」で、「境遇が同じである」という意味になります。「お互い様」というニュアンスにも対応できます。

🎵 **15秒音声トレ！**

How can you blame me like this? We're both in the same boat. I mean, you're equally guilty.

理屈じゃない、心が欲する、内なるもの：

This comes from within.

Stop trying to talk me into doing something else. I'm telling you this comes from within.

私にほかのことをしろって言ってこないで。これが心からやりたいことだから。

💡 **発想のポイント**

英語的な**無生物主語**の発想です。直訳は「これは心の中から出てくる」で、「理屈じゃない、心が欲している」というニュアンスになります。「本心」という日本語も、これで英語化できます。

🎵 **15秒音声トレ！**

Stop trying to talk me into doing something else. I'm telling you this comes from within.

皆さんいろいろありますよね：

Everyone has stories to tell.

Everyone has stories to tell, and all we can do is
be kind to each other.

皆いろいろ（苦労は）あるだろうし、互いに親切にするしかないんだよ。

💡 発想のポイント

「いろいろある」は、「皆それぞれが"語るべき物語（経験）"を持っている」と考えるとよいでしょう。

🎵 15秒音声トレ！

Everyone ha_s_ stories to tell, an_d_ all we can do is be kin_d_ to each other.

常識になる、バレてるよ：

Everyone knows (that).

**Hey, why don't you tell it like it is? Everyone knows
that.**

もうはっきり言ってしまえよ。みんなにはバレてるんだから（常識になってるんだから）。

💡 発想のポイント

「常識＝ common knowledge」という訳もありますが、〈主語＋動詞〉で「皆が知っている」と発想すると会話力がぐんとアップします。同じ意味で、They know it. という言い方もあります。

🎵 15秒音声トレ！

Hey, why don't_you tell i_t_ like it is? Everyone knows tha_t_.

結局うまくいく、何はともあれ、
何とかなった：

Everything fell into place.

A lot has happened, but I'm glad everything fell into place.

いろいろあったけれど、何はともあれすべてうまくいって良かった。

💡 発想のポイント

英語らしい**無生物主語**です。「正しい場所に収まる、（物事が）落ち着くべき所に落ち着く、うまく収まる」というイメージで、「（最終的には・結局は）うまくいった」というニュアンスになります。

🎵 15秒音声トレ！

A lot has happened, but I'm glad everything fell into place.

せっかく（の機会）だから：

It's a good opportunity.

Let me try this, then. It's a good opportunity, after all.

じゃあこれを試してみる。なんやかんやでせっかくの機会だし。

💡 発想のポイント

「せっかく」は「（結局のところ）いい機会だ」と考えれば、It's a good/great opportunity. で事足ります。

🎵 15秒音声トレ！

Let me try this, then. It's a good opportunity, after all.

（どちらか）微妙だ、それはどうかな？：

It's debatable.

Many people say it's obvious, but I personally think it's debatable.

明らかにそうだという人も多いが、個人的には微妙なところだと思っている。

💡 発想のポイント

「議論の余地あり」というニュアンスです。054 で説明したように、自分の中で肯定側と否定側に分かれて議論(debate)しているイメージを持つといいでしょう。

♩ 15 秒音声トレ！

Many people say it's obvious, but I personally think it's debatable.

（それとこれとは）別の話：be another story

You're allowed to have that opinion. However, whether it's valid or true is another story.

君はそういう意見を持っていいんだ。ただ、それが正当なのか真実なのかは別の話だけど。

💡 発想のポイント

頭の中にある話や意見とは、「もう一つ別の独立した話だよ」というイメージです。That's another story. の形でもよく使います。

♩ 15 秒音声トレ！

You're allowed to have that opinion. However, whether it's valid or true is another story.

焦らなくてもいい：It can wait.

Don't do it if you don't want to do it now. **It can wait.**

今やりたくないなら、やらなくていいよ。焦らなくてもいいんだから。

💡 発想のポイント

英語的な**無生物主語**の発想です。直訳は「それ（状況）は待ってくれる」で、「焦らなくてもいい」というニュアンスになります。

🎵 15秒音声トレ！

Don't do it if you don't want to do it now. It can wait.

わかっちゃいるけどやめられない：

It's such a guilty pleasure.

I hate the convenience of fast food. It's so bad for you, but **it's such a guilty pleasure,** especially late at night.

ファストフードって便利すぎて困る。体には本当に悪いんだけど、夜遅くに食べるのは、わかっちゃいるけどやめられないんだよね。

💡 発想のポイント

guilty pleasure とは、「後ろめたい喜びがある物事」「認めたくないけれど実は好きな対象」「いけないことだからこその楽しみ」「恥ずかしい趣味」といったニュアンスです。

🎵 15秒音声トレ！

I hate the convenience of fast food. It's so bad for you, but it's such a guilty pleasure, especially late at night.

当たり前、常識、当然でしょ、言うまでもない：

It's a given (that...).

It's a given that you need to learn grammar if you want to speak a new language.
新たな言語を話したいなら、文法をやるのは当然でしょ。

💡 発想のポイント

given は「（すでに）与えられた」を意味し、「当然のこと、皆が知っていること」という名詞としても使います。That's a given!（そんなの当たり前でしょ！）のように単独でも用います。

🎵 15秒音声トレ！

It's a given that you need to learn grammar if you want to speak a new language.

ま、いいんじゃね？、まあそうよね：

That sounds (just) about right.

I don't really know the context, but **that sounds just about right.**
どういう話になってるかは知らないけど、まあそんな感じでいいんじゃない？

💡 発想のポイント

「まあそれでいいんじゃない、まあそんな感じ、大体そんな感じ、まあ妥当だよね」というニュアンスです。日常会話での「あまり考えない、いい加減（適当）な返し」としてよく使われています。

🎵 15秒音声トレ！

I don't really know the context, but that sounds just about right.

お互い様でしょ、人のこと言えた義理か：
You're one to talk.

You think he's an idiot? Well, you're one to talk.
彼が愚か者だって？　うーん、人のことを言えた義理かな。

💡 発想のポイント
「同類だからお互いがわかる」というイメージで、転じて「お互い様、お互い同類だね、人のことを言えた義理か、同じ穴のムジナ（同類）、魚心あれば水心（同類同士の共感）」などの日本語に対応できます。

🎵 15秒音声トレ！
You think he's an idiot? Well, you're one to talk.

やってみるもんだな：
It was worth it (looking back).

It was challenging at first, but it was worth it looking back.
初めは大変だったけど、やってみるもんだね。

💡 発想のポイント
「（振り返ってみれば）その価値はあった」という意味で、「やってみるもんだな」というニュアンスを伝えられます。

🎵 15秒音声トレ！
It was challenging at first, but it was worth it looking back.

そんなんじゃないんです：

It's not what it looks like.

Well, it's not what it looks like. Please let me explain.

ええと、これはそんなんじゃないんです。説明させていただけませんか？

💡 発想のポイント

困った状況に対してネイティブが思わず口にするタイプの表現です。とっさだからこそ、シンプルな言葉で成り立っています。

🎵 15秒音声トレ！

Well, it's not what it looks like. Please let me explain.

そんなつもりじゃなかった、わざとじゃない：

It just turned out that way.

It just turned out that way. I'm telling you!

わざとじゃないんだ。本当なんだよ！

💡 発想のポイント

英語的な**無生物主語**の発想です。直訳は「それ（状況）がただそういうことになった」で、「そんなつもりじゃなかった、わざとじゃない、たまたまそうなった」というニュアンスに。責任を回避したいときによく使います。

🎵 15秒音声トレ！

It just turned out that way. I'm telling you!

都会風を吹かすな！、場違いだ！：

Act like you belong here!

Act like you belong here, okay?

ここに所属する者としてふさわしい振る舞いをしろ（都会風を吹かすな）、わかったね？

 発想のポイント

「都会風を吹かすな」とは「場違いな振る舞いをするな」ということなので、都会・田舎にかかわらず使えます。また、新しい職場などで場違いな行動をする人に対しても使うことができます。

♬ 15秒音声トレ！

Act like you belong here, okay?

ほめても何も出ないよ：

Flattery will get you nowhere.

Haha, what are you being nice for? Flattery will get you nowhere, as I always tell you.

あはは、どういうつもりで良いことばかり言ってくれてるの？　いつも言ってるけど、ほめても何も出ないからね〜！

 発想のポイント

直訳は「ほめ言葉は君をどこにも連れて行かない」。日本語としては不自然ですが、英語的な**無生物主語**の発想が生きています。Flattery won't get you anywhere. または Flattery will get you nothing. という表現もあります。

♬ 15秒音声トレ！

Haha, what are you being nice for? Flattery will get you nowhere, as I always tell you.

たいてい 2 種類に分かれる：
They fall into two categories.

They usually **fall into two categories.** They're either really good or really bad.

彼らってたいてい 2 種類に分かれるんだよね。すごくいい人たちとすごく悪い人たちに。

💡 **発想のポイント**

傾向分析などによく登場する「2 種類に分かれる」は、fall into ~（~に該当する、~に分類される）で表せると覚えておくとよいでしょう。categories の代わりに types も使えます。

🎵 15 秒音声トレ！

They usually fall into two categories. They're either really good or really bad.

体質によりますね：
Our bodies respond differently.

Our bodies respond differently to different medications, including vaccines.

例のワクチンも含めて、さまざまな薬剤に対する反応は体質によって違います。

💡 **発想のポイント**

これも**無生物主語**の発想です。直訳は「私たちの体はいろいろな反応をする」で、「体質による」というニュアンスになります。

🎵 15 秒音声トレ！

Our bodies respond differently to different medications, including vaccines.

使う機械が壊れる、機械が死ぬほど苦手：
Everything I touch explodes.

Both my PC and smartphone are acting up! Everything I touch explodes, and it drives me crazy!

私の PC とスマホが同時におかしくなってる！　使ってる機械がどんどん壊れるし、頭がおかしくなりそう！

 発想のポイント

直訳は「触ったものがみな爆発する」で、ジョークっぽく使います。「使う機械が壊れてしまう」「機械が死ぬほど苦手（で結局壊してしまう）」というニュアンスを表現できます。act up は「（機械などの）調子が悪い」という意味。

♫ 15 秒音声トレ！

Both my PC and smartphone are acting up! Everything I touch explodes, and it drives me crazy!

代わりに〜してあげる！：
I'll make up for you!

You want to stop drinking, do you? Don't worry, I'll make up for you!

お酒をやめたいんだね？　心配しないで、代わりに飲んであげるから！

 発想のポイント

make up for ~ は「〜を補う、〜の埋め合わせをする」という意味。このように冗談めかして使うこともできます。

♫ 15 秒音声トレ！

You want to stop drinking, do you? Don't worry, I'll make up for you!

□□□
367

結果オーライ、何はともあれうまくいった：
Things worked out okay (in the end).

Things worked out okay in the end. So don't hold that guilt any longer than you need to.

結果オーライだったんだから、もう必要以上に罪悪感を持たないでね。

 発想のポイント

直訳は「結局は、うまくいった」。転じて「結果オーライ、何はともあれ、いろいろあったけど、紆余曲折ありましたが」などの日本語に対応させることができます。

🎵 15秒音声トレ！

Things worked out okay in the end. So don't hold that guilt any longer than you need to.

□□□
368

そうこうしているうちに、あれこれあって、
いろいろありましてね：
One thing led to another.

Well, **one thing led to another**, and I ended up living here.

まぁいろいろあって、ここに住むことになったんだ。

🔦 発想のポイント

事情や理由を説明するのが面倒なときや、詳しく説明したくないときによく使われます。「いろんなことが重なって、いろいろありましてね」というニュアンス。

🎵 15秒音声トレ！

Well, one thing led to another, and I ended up living here.

キリがない① (数が多すぎる):

The list goes on and on.

There are so many issues that we need to work on. Poverty, unemployment, corruption, inflation, crimes, the pandemic... **The list goes on and on.**

解決すべき課題は多い。貧困、失業、汚職、インフレ、犯罪、パンデミック… 課題は尽きない。

💡 発想のポイント

「数えきれない」というニュアンスは、〈主語＋動詞〉の形に落とし込んでみましょう。The list goes on and on. (リストが延々と続いていく) という表現が使えます。

🎵 15秒音声トレ！

There are so many issues that we need to work on. Poverty, unemployment, corruption, inflation, crimes, the pandemic... The list goes on and on.

キリがない② (時間がかかりすぎる):

It takes forever.

It's taking forever to even open YouTube.

YouTube を開くのに一体どれだけかかるんだ？

💡 発想のポイント

「時間がかかりすぎる」には、forever を使うのがポイント。直訳すると「(〜するのに) 永遠に時間がかかる」となり、大げさに言いたい感情をストレートに表現できます。

🎵 15秒音声トレ！

It's taking forever to even open YouTube.

納得した、そういうことか、なるほど①：
That explains it.

So you mean, it just happened that way and it's no one's fault either. **That explains it**.

君が言いたいのは、たまたまそうなって、誰のせいでもないということだね。完全に納得だよ。

💡 発想のポイント

これも**無生物主語**の発想です。直訳は「それ（あれ）がそれを説明している」で、「自明の理➡納得できる・する」というニュアンスになります。

🎵 15秒音声トレ！

So you mean, it just happened that way and it's no one's fault either. That explains it.

納得した、そういうことか、なるほど②：
That makes sense.

Thank you for explaining it. Now **it makes sense** to me.

説明をしてくれてありがとう。やっと納得したよ。

💡 発想のポイント

これも**無生物主語**の発想。make sense は応用範囲の広い、便利な表現です。単体であいづちのように使うと「それは意味を成している」、つまり「納得する、筋が通る、理にかなっている、腑に落ちる、なるほどね」というニュアンスになります。

🎵 15秒音声トレ！

Thank you for explaining it. Now it makes sense to me.

それって歳がバレるよ：That dates you.

You know a lot about this old anime movie... That dates you!

この昔のアニメのこと詳しいんだね…それって歳がバレるね！

💡 発想のポイント

無生物主語の発想が続きます。この date は動詞として使われ、直訳は「〜の年代を特定する、〜の年齢を示す」です。そこから「歳がバレる」という意味になります。

🎵 15 秒音声トレ！

You know a lot about this old anime movie... That dates you!

酔った勢いで：

That was the alcohol talking.

Was that the alcohol talking? I don't drink. I'm sure you know alcohol impairs your brain, right?

酔った勢いで言っただろう？　俺は飲まないから。酒で頭がおかしくなるのはわかってるよね？

💡 発想のポイント

「(本人ではなく)アルコールが話していた➡酒のせい(酔った勢い)」という解釈です。普段口にしないような大胆なことを言ってしまったときに、言い訳としてThat was the red wine talking.(赤ワインのせいだった)のように使うこともあります。impair は「〜を損なう、害する」という意味。

🎵 15 秒音声トレ！

Was that the alcohol talking? I don't drink. I'm sure you know alcohol impairs your brain, right?

□□□ 373 頑張ります！：Wish me luck!

I'm going to my exam. **Wish me luck!**

試験に行ってきます。頑張ります！

 発想のポイント

I'll do my best. と言いたくなるかもしれませんが、より前向きで本来のニュアンスに近づけるのであれば、この Wish me luck.「（頑張ることが大前提で）幸運を祈ってね」がおすすめです。

♪ 15秒音声トレ!

I'm going to my exam. Wish me luck!

□□□ 374 お互いに頑張ろう！：

Let's give it our best shot!

Ending the pandemic is going to be tough, but **let's give it our best shot.**

パンデミックを終わらせるのは大変だが、互いに全力を尽くしましょう！

発想のポイント

「お互い」を each other や mutual とはせず、シンプルに Let's give it our best shot.（ともに全力を投入しましょう）と表現します。敵味方関係なく、またビジネス・カジュアルを問わず、使いやすい表現です。

♪ 15秒音声トレ!

Ending the pandemic is going to be tough, but let's give it our best shot.

どないやねん！：Get out of here!

A: I beat up my boss because he's really disgusting.
B: Get out of here! No, you didn't!

A: 上司がムカつくからシバいたったわ！
B: どないやねん！　やってへんやろ！

💡 発想のポイント

「マジか！」「そんなことあるか！」「冗談だろ？」「うそぉマジで？」というニュアンス。関西弁で瞬時につっこむ感じ。You're kidding! よりも信じられない度が高いです。

🎵 15秒音声トレ！

A: I beat up my boss because he's really disgusting.
B: Get out of here! No, you didn't!

自分の「日本語」を起点に
瞬発力を高める②

もう皆さんは気づいていると思いますが、普段の何気ない「とっさの一言」に限って英語では口には出せないものです。

例えば、英語の資格試験や外資系企業の就職面接であれば、暗記で身につけた表現や対話のテンプレート（ひな形）を使って切り抜けることができます。しかしそれでは「思いをを自在に、ネイティブのように、瞬時に口に出せる」能力の獲得とは真逆の方向を向いていることも意識しておくべきでしょう。

それでは、この何気ない「とっさの一言をまるで母語のように発する」技術をさらに深めるにはどうすればよいのでしょうか。

ここでまた It の出番になります。

「えっ？ It はもう前にさんざんやったよね？」と思われるかもしれませんが、It は「主語」として活用するだけでも瞬発力の向上に絶大な威力がありますが、実はそれだけではまだ効果の半分しか得られていないのです。その理由は、It は「目的語」として使用する場合も、主語として使用する場合と同じく、応用範囲はほぼ無限大だからです。

では、実験として、次の「何気ない一言」「とっさに出る一言」を何も調べずに英語にしてみてください。クイズのような感じで挑戦してみましょう。制限時間はそれぞれ3秒以内です！

① 最悪じゃん！	⑥ やりがいがある。	⑪ 気にしないで。
② めっちゃいいね！	⑦ 責任を取ってね。	⑫ リスクを取りなさい。
③ いいねぇ！	⑧ まさにこれ！	⑬ 何とかしてよ。
④ いい場所ですね。	⑨ 現実を見てね。	⑭ 恩にきるよ。
⑤ わかるでしょ？	⑩ 結果を出してよ。	⑮ （話を）ぶっちゃけてよ。

いかがでしたか？　いつも英語「学習」として学んでいる単語や表現では対応できないものが多かったのではないでしょうか。

意識せずに話している表現にこそ英語学習の落とし穴があります。だからこそ It（そして無生物主語）に注目し、自分が思い、考えている内容に対応するものをコレクションしておきましょう。英語と日本語の間に存在する「発想の違い」は音読練習で感覚として体にすりこんでおけばいいのです。

このような表現を知っておくと、SNS 上にあるネイティブスピーカーのつぶやきの中にこれらの発想があふれていることに気づくことができます。そしてこの場合の It は「それ」だけでなく、**「この状況」「大事なもの」という意味でも覚えておくと、発想がつかめ、自分でも使いやすくなります。**

※解答は 307 ページを参照してください。

8

会話を一瞬でスムーズにする

□□□
376

気になるのは…、要は…、言いたいことは…:
The thing is...

The thing is, what you are saying and picturing is missing the point. I know what you mean, though.

要は、君が言ったり思い描いていることは的外れなんだよ。言いたいことはわかるんだけどね。

💡 発想のポイント

あらゆる話題の「話の導入」として非常に便利です。「これから話す内容を聞いてくださいね」というメッセージを発しつつ、結論もしっかり伝えることが可能です。

🎵 15秒音声トレ!

The thing is, what you are saying and picturing is missing the point. I know what you mean, though.

（〜について）思うところ・言いたいことがある：

have things to say (about ~)

You know what? I actually have things to say about the slave labor at that company.

あのさ、実はあの会社のブラック企業ぶりには思うところがあるんだ。

💡 発想のポイント

直訳は「言うべきことがある、言いたいことがある」。「思うところがある」というのは控えめな言い方になっているだけで、結局は「言わせてほしい」という気持ちと意図があることに注目しましょう。

♪ 15 秒音声トレ！

You know what? I actually have things to say about the slave labor at that company.

ちょっと・何気に気になったんだけど：

(Just) Out of curiosity,

Just out of curiosity, what are your favorite hobbies or activities?

ちょっと気になったんだけど、どんな趣味や活動が好きなの？

💡 発想のポイント

まさに日本語の「ちょっとおうかがいしたいのですが」「ちょっと気になったので（お聞きしたいのですが）」のように、軽やかに無理なく会話をスタートできる表現です。

♪ 15 秒音声トレ！

Just out of curiosity, what are your favorite hobbies or activities?

よく言われるんだけど：
People around me (often) say...

People around me often say I take life too seriously, but I don't know how to do it any other way.
真面目すぎるってよく言われるけど、ほかの生き方なんてできないし。

💡 発想のポイント

「言われる」を反射的に受け身（受動態）で訳さず、People や They などを主語に取るようにしましょう。

♫ 15 秒音声トレ！

People around me often say I take life too seriously, but I don't know how to do it any other way.

いろいろ言われているけど、
良いか悪いかは別にして：
A lot of things have been said, but...

A lot of things have been said, but it's impressive how you stay unaffected.
いろいろ言われているけど、君がそうやってブレないのは素晴らしいと思うよ。

💡 発想のポイント

直訳は「いろいろなことが言われているけれど」。複数の意見が存在することが暗に示され、「良い悪いは別にして、賛否両論あるけれど」などの日本語も英語化できます。whether や good/bad を使うことから離れてみましょう、

♫ 15 秒音声トレ！

A lot of things have been said, but it's impressive how you stay unaffected.

言いたくないけど、言いづらいけど：
I hate to tell you this, but...

I hate to tell you this, but nobody cares about what you say on social media.

言いづらいことだけど、君の SNS なんて誰も気にしてないんだよ。

💡 発想のポイント

This is difficult to say, but...（言いづらいけど）でもほぼ同じニュアンスになります。

🎵 15 秒音声トレ！

I hate to tell you this, but nobody cares about what you say on social media.

我ながら、自分で言うのも何ですが：
if I do say so myself

It wasn't bad for a first attempt, **if I do say so myself.**

初めてやった割には、我ながらうまくいったよ。

💡 発想のポイント

「あえて自分で言えばだけど」というニュアンスで、自慢したいときの決まり文句と言えます。文末に置くことが多いです。

🎵 15 秒音声トレ！

It wasn't bad for a first attempt, if I do say so myself.

8

会話を一瞬でスムーズにする

それはそれとして：That being said,

I'm very impressed that you're able to string so many words together. **That being said,** I have no idea what you're trying to say.

どんどん言葉を紡ぎだせるのは素晴らしいですね！　それはそれとして、一体何を言おうとしているのかは理解できないですが。

💡 発想のポイント

「そうは言っても（逆接）」「というわけで（順接）」のどちらの意味でも使います。「それはそれとして（逆接）」という日本語と対応させて覚えておくと、ビジネスでも役立ちます。string words together は「言葉をつなぎ合わせる、紡ぐ」という意味の表現です。

🎵 15秒音声トレ！

I'm very impressed that you're able to string so many words together. That being said, I have no idea what you're trying to say.

で、もう一つはね…：

And another thing is,

I always tell myself not to be complacent, **and another thing is,** I make myself practice as often as I can.

現状に満足しないように気をつけていて、もう一つは、時間を見つけるたびに必ず練習をするようにしています。

💡 発想のポイント

英語をどんどん話し続けるのに便利な表現です。「それでね、もう一つはね…」という日本語と同じ感覚で使えます。complacent は「自己満足の」という意味。

🎵 15秒音声トレ！

I always tell myself not to be complacent, and another thing is, I make myself practice as often as I can.

ひょっとしたら、おそらく…だろう：
(The) Chances are (that)…

The chances are that he was not good enough in the first place.

ひょっとしたら、彼はもともと能力が基準には達していなかったのかもしれない。

💡 発想のポイント

日本語の「ひょっとしたら」と互換性のある表現です。便利でよく使われますが、これを知らないと聞いた瞬間に意味が取りにくいかもしれません。覚えておきましょう。

♩ 15秒音声トレ！

The chances are that he was not good enough in the first place.

仮にそちらが正しいとして、百歩譲って：
Assuming you're right,

Assuming you're right, we still need you to show us the numbers to support it.

仮にそちらが正しいとしても、それでも数値（データ）での証明はしていただかないとなりません。

💡 発想のポイント

I don't think so. や I disagree. と反論すると角が立ちますが、この表現なら「もしそちらが正しいとして、万が一そうだとしても」と、相手の顔を立てながらソフトに反対することが可能になります。

♩ 15秒音声トレ！

Assuming you're right, we still need you to show us the numbers to support it.

さすが…ですね、道理で…なわけだ：
No wonder...

You spent ten years in the US. No wonder you speak good English. I'm self-taught by the way.

10年間アメリカで過ごしたのですね。さすが英語が上手ですね！　私は独学しましたが。

💡 発想のポイント

No wonder... には「…も不思議ではない、なるほど…なわけだ、…も当然だ」といった意味があり、「さすが…ですね」のニュアンスにも対応できます。

🎵 15秒音声トレ！

You spent ten years in the US. No wonder you speak good English. I'm self-taught by the way.

ご想像にお任せします：
What do you think?

Are you asking how I felt about what she said? Well, what do you think?

「彼女の発言をどう思ったか」ですって？　ご想像にお任せします。

💡 発想のポイント

答えたくない質問に質問で返すことで、角が立たないように、上手に切り返す技です。None of your business. ほどきつくはなく、No comment. よりも機転の利いた返答だと言えます。

🎵 15秒音声トレ！

Are you asking how I felt about what she said? Well, what do you think?

経験ベースの話ですが①：

My limited experience says...

My limited experience says that you shouldn't diversify too much.

経験ベースの話だけど、手を広げすぎない方がいいよ（多角化しすぎない方がいい）。

💡 **発想のポイント**

英語らしい**無生物主語**です。「私の限られた経験は…と言っている」と考えましょう。

🎵 **15秒音声トレ！**

My limited experience says that you shouldn't diversify too much.

経験ベースの話ですが②：

My educated guess is...

My educated guess is that somebody is pulling strings behind the scenes.

経験ベースの話だが、見えないところで誰かが糸を引いているな。

💡 **発想のポイント**

「経験（知識）に裏付けられた（基づいて）推測している」というニュアンスです。pull strings behind the scenes は「裏で糸を引く」という意味。

🎵 **15秒音声トレ！**

My educated guess is that somebody is pulling strings behind the scenes.

本質、極意、〜がすべて、要は〜で：
be (all) about ~

I'm gonna focus only on what I can control. It's all about sustained effort, and it's just a matter of time!

自分ができることだけに集中しよう。継続こそが本質だし、あとは結果が出るまでやるまでだ。

💡 発想のポイント

歌の歌詞で定番フレーズの It's all about love.（愛がすべて）で覚えるといいでしょう。「本質、極意、すべて〜次第、要は〜だ」などの日本語は、essence とするよりも It's all about ~ の方が使用頻度が圧倒的に高く、使い回しが利きます。

♫ 15 秒音声トレ！

I'm gonna focus only on what I can control. It's all about sustained effort, and it's just a matter of time!

つまり…ということですよね？：
What I think you're trying to say is…, right?

What I think you're trying to say is, the plan is not really realistic, right?

つまり、この計画はあまり現実的ではない、ということですね？

💡 発想のポイント

相手の話に対し、「理解を見せつつ余裕があるように」応じられる便利な会話の型です。ゆっくり、落ち着いて口に出しつつ、次に言いたいことを考えるといいでしょう。

♫ 15 秒音声トレ！

What I think you're trying to say is, the plan is not really realistic, right?

（相手の話に応じて）**で、それは問題ですよね？** :

..., which has been an issue

..., which has been an issue, and now is the time to
face it and try to come up with a solution.

…で、それは問題ですよね？　だから今こそこの件に正面から向き合い、解決策を模索すべき時だと思うのです。

💡 **発想のポイント**

相手の話にすかさず応じたり、さえぎりながら話すときに、〈コンマ＋ which〉は非常に強力な武器となります。

🎵 15 秒音声トレ！

..., which has been an issue, and now is the time to face it and try to come up with a solution.

（相手の話に応じて）**で、それはまずいと思うんです** :

..., which I don't think is a good idea

..., which I don't think is a good idea, considering
the way things are going.

…で、それはまずいと思うんです、この状況では。

💡 **発想のポイント**

ここも〈コンマ＋ which〉を使えば、相手の話している文を途中から盗み取り、発話のチャンスを得ることが可能になります。

🎵 15 秒音声トレ！

..., which I don't think is a good idea, considering the way things are
going.

8

会話を一瞬でスムーズにする

…というわけじゃないけど：
It's not that/like...

It's not that I'm not happy. It's just that something important is seriously missing.

幸せじゃないわけじゃない。ただとにかく、何か大切なものが足りないって感じてる。

💡 発想のポイント

It's not that/like... で、「…というわけじゃない」という日本的なはっきり言いすぎない心情を表現できます。また、It's just that... はその応用で、「ただ…ということなのだ」という意味になります。

🎵 15秒音声トレ！

It's not that I'm not happy. It's just that
something important is seriously missing.

（〜したって）減るもんじゃあるまいし：
It wouldn't hurt ~ to *do*.

Hey, **it wouldn't hurt** you **to** pay respect to the other members.

おい、ほかのメンバーに敬意を払うことくらいできるだろ？
（別訳：減るもんじゃあるまいし、ほかのメンバーに敬意を払えよ。）

💡 発想のポイント

「実害・実損はない➡減るもんじゃない、大したことない、どうってことないでしょ」というイメージ。単独で「（そんなの）減るもんじゃないでしょ、大したことないでしょ」と言う場合は、It wouldn't hurt you, though. が使えます。

🎵 15秒音声トレ！

Hey, it wouldn't hurt you to pay respect to the other members.

下手をすると、最悪（の場合は）、まかり間違えば：

(If) Worse comes to worst,

It looks like the typhoon is going to hit. If worse comes to worst, we'll need to reschedule our trip.

台風に襲われそうだ。最悪、旅行のリスケが必要になるかもしれない。

💡 発想のポイント

このほか、If worse comes to the worst, If the worst comes to the worst, If worst comes to worst などのバリエーションがあり、どれも「（考えうる）最悪の場合には、万が一の場合は」というニュアンスで、一息で話されます。

🎵 15秒音声トレ！

It looks like the typhoon is going to hit. If worse comes to worst, we'll need to reschedule our trip.

8

会話を一瞬でスムーズにする

不幸中の幸い：

It could've been (much) worse.

A lot of things went wrong this time, so it was pretty tough, but it could've been much worse.

今回はいろいろなことがうまくいかなくて大変だったけど、不幸中の幸いでもあったよね。

💡 発想のポイント

直訳は「（状況が）もっと悪くなる可能性があった」で、転じて「不幸中の幸い」のニュアンスに。主語を Things としても同じ意味で、ここでの It や Things は「状況」と考えるとわかりやすくなります。回避された状況が深刻な場合は、much worse と much を追加しましょう。

🎵 15秒音声トレ！

Many things went wrong this time, so it was pretty tough, but it could've been much worse.

それが筋ってものじゃないですか？：
Isn't that the way it should be?

**Teachers have the same rights as any other worker...
Isn't that the way it should be?**

教員だって、ほかの労働者と同じ権利があるのが筋ってものじゃないですか？

💡 発想のポイント

the way it should be は直訳すると「あるべき姿（状態）」ということ。日本語の「筋」という言葉のニュアンスに迫ることができます。

🎵 15秒音声トレ！

Teachers have the same rights as any other worker... Isn't that the way it should be?

その話はやめてくれ・聞きたくもない：
Don't even go there.

Please don't even go there. That's a topic for another day.

その話はやめようよ。今はそのタイミングじゃない。

💡 発想のポイント

there（そこ・そちら）を使うことで、「そっち系の話題は勘弁してくれ」というニュアンスになります。for another day は「別の日のため➡今はそのタイミングではない」ととらえましょう。

🎵 15秒音声トレ！

Please don't even go there. That's a topic for another day.

前向きに、今後は、これからは：
Going forward,

Going forward, our company plans to continue to develop overseas businesses.

今後、わが社は海外でのビジネスを発展させていきます。

 発想のポイント

ポジティブなニュアンスがあり、「これから感、前向きな感じ」を演出する表現です。政治家のスピーチでも多用され、あらゆる話題を「強引にポジティブ化」できます。文末でも使えます。

♪ 15秒音声トレ！

Going forward, our company plans to continue to develop overseas businesses.

8

会話を一瞬でスムーズにする

役立つ「瞬発力回路」の
具体的な作り方

「いくら勉強しても、音読しても、シャドーイングに明け暮れてリスニングは伸びたけど、瞬時の発話だけがうまくいかないんです…」

私が行う講演や授業、セミナーでは、毎回のようにこのような相談が舞い込んできます。

確かに真剣に練習や学習に打ち込んでいるのに、望んだ結果が得られないと、せっかくのモチベーションも下がってしまいます。

今回は、私が同時通訳も含め、英語の発話の瞬発力の向上に実際に役立った、とっておきの方法をお伝えします。

「瞬発力回路」を作るポイントは2つあります。一つは「**外部リソースに頼らず、自分の中から日本語を絞り出す**」ということ。外部リソースに頼らないというのは、この作業の目的が「新しい表現の獲得」ではなく、あくまで「瞬発力の強化」にあるからです。

もう一つは、「**一つの英語にできるだけ多くの日本語を紐づける**」ことです。英語と日本語は1対1の関係ではなく、文脈によっても変わります。一つの英語にたくさんの日本語が紐づけられれば、その分、日本語から英語にするスピードも応用力も上がります。

瞬発力回路の作り方

Step 1 例えば「うやむやにする」を英語で言いたいのに、言えなかったとします。普段から英語に触れる中で、これに当たる表現にはいずれ出会うことができるでしょう。
そして **Let it fade over time.**（直訳：時間をかけて色あせさせる）というシンプルかつ自然な表現についに出会ったとします。「これだ！ これが知りたかったんだ！」という感動と喜びが得られると思います。

Step 2 しかし、勝負はここからです。**Let it fade over time.** という表現に対して「自分の記憶の中から日本語を絞り出」し、さらに「できるだけ多くの日本語を紐づける」のです。
これらの作業が大切な理由は、先ほど述べた通りです。そして、スマホでも手書きでもいいので、英語表現とそれに対応する日本語を記録します。一連の流れは以下のようになります：

① 「うやむやにする」って英語で言えなかったな…
どう言えばいいのだろう？

② （リーディング中に）
Let it fade over time. か！
まさにこれが言いたかった表現だ！
（この感動がすでに瞬発力の
向上に役立っている）

③ Let it fade over time.
に対応する日本語を
いくつ思いつけるかな？
挑戦してみよう！

記録するメモは次のように、1つの英語表現に対して自分で思いつく限りの日本語を並べます：

Let it fade over time.
①うやむやにする。
②人のうわさも七十五日。
③（記憶の）風化を待つ。
④減衰させる。
⑤（SNS上などでの批判などに対して）下手に反応しない、スルーする。
⑥（つらい記憶など）時が解決してくれる。

　シンプルで汎用性の高い表現は、このように「自分の記憶の中から日本語を絞り出し、コレクションする」ことをおすすめします。この方法はスピーキングでの瞬発力を作り、向上させる強力な手段となります。そして何より、やってみると楽しいのです。

余計な心配はせず、自分の「日本語」とも向き合う

　この瞬発力強化プロセスは、結果的に「自分の日本語」や「自分の日本語の発話と表現力」と嫌でも向き合うこととなり、自然に日本語での読書においても「普段から話すこと」を意識できるようになります。英語でも日本語でもこの意識を持てることは、両言語を自在に行き来しながら発話能力を高めるセンス自体を高

めることになります。

また「日本語から英語に訳す癖がつくのは良くないのではないか？」という意見をよく聞きますが、こうした意見は例外なく、このような練習をしたことがない人からしか出てきません。それが本当であれば、私は同時通訳者として稼働できるはずもありません。

人間の脳は非常に柔軟性に富んでおり、**自分で見つけた表現を音読などで声に出して練習**すると、瞬時にどちらかの言語でイメージを口に出せるようになります。練習と経験を重ねるとともに、脳の中で新たなネットワークが形成されているのでしょう。

この練習法であれば、結果的に「**この世の中で最も自分に合った英語の表現コレクション**」が出来上がることとなります。そして、もし仮に英語学習をしばらくできないことがあったとしても、その自分だけのコレクションに目を通すだけで、一気に以前の発話力を取り戻すことができる手段にもなるのです。

これらはすべて、私の生徒さんたち、そして私自身の実体験に基づいています。

世 の 中 の 真 実 を 語 る

仕方がない、不可抗力である：

The situation doesn't allow it.

It's not that I didn't want to do it. The situation didn't allow it.

やりたくなかったわけじゃないんです。仕方がなかったんです。

💡 **発想のポイント**

英語的な**無生物主語**の発想です。直訳は「状況がそれを許さなかった」で、「仕方がなかった、不可抗力だった」というニュアンスに。責任回避が必要なときによく使います。

🎵 **15秒音声トレ！**

It's not that I didn't want to do it. The situation didn't allow it.

仕方ない、まぁそんなもん：It is what it is.

I like saying, "It is what it is" to keep my mind calm.

心を穏やかに保つために、「まぁそんなもん」って口に出すのが好き。

💡 発想のポイント

主語の It は「(自分が置かれた)状況、(目の前の)出来事・物事、世の中」を指します。直訳すると「それはそういうもの」となり、「(状況を)受け入れるしかない」という諦めのニュアンスに。転じて「仕方ない、そういうものだよね」という意味で多用されます。

♪ 15秒音声トレ!

I like saying, "It is what it is" to keep my mind calm.

放置で解決する：It'll work itself out.

Just leave it because that issue will work itself out in a few days.

その問題は 2〜3日で勝手に解決するから放置しておきなさい。

💡 発想のポイント

直訳は「それはそれ自体を解決する」で、「(何もしなくても)放置で解決する」というニュアンス。同じ意味と発想で、(will) solve itself という表現も覚えておきましょう。

♪ 15秒音声トレ!

Just leave it because that issue will work itself out in a few days.

(うまい話などに)裏がある、世の中甘くない：

It's not that easy.

Don't fall for honeyed words. It's not that easy.

甘い言葉に引っかかるなよ。うまい話には裏があるから。

💡 発想のポイント

ここでの It は「世の中・物事」と考えましょう。「世の中(物事)は簡単じゃない➡裏がある、甘くない」と解釈します。

♪ 15秒音声トレ!

Don't fall for honeyed words. It's not that easy.

イチかバチか、運を天に任せる、五分五分：
It's a toss-up.

We did everything we could. Now, it's a toss-up.

できることはやった。後は運を天に任せるしかない。

💡 発想のポイント

toss-up とは「コイン投げ」のこと。そこから転じて、「どちらに転ぶかは運次第、のるかそるか」というニュアンスになります。

🎵 15秒音声トレ！

We did everything we could. Now, it's a toss-up.

長所も弊害もある、諸刃の剣<ruby>剣<rt>つるぎ</rt></ruby>：
It cuts both ways.

A: Social media allows us to connect with people around the world.

B: That's true, but it cuts both ways. It also exposes us to privacy risks and cyberbullying.

A: SNS は世界中の人々とつながらせてくれる。

B: そうだね。でも、それは諸刃の剣だ。SNS が原因で、プライバシーの侵害やネットいじめに遭う危険性だってある。

💡 発想のポイント

直訳は「両方に対して切れる」で、まさに「諸刃の剣」のイメージ。It を主語にした、**無生物主語**の感覚が身につく表現です。

🎵 15秒音声トレ！

A: Social media allows us to connect with people around the world.

B: That's true, but it cuts both ways. It also exposes us to privacy risks and cyberbullying.

いつもこうだ、決まってこうなる：
It never fails.

It never fails whenever I'm in a situation like this.

こういう状況になると、間違いなく悪いことが（重なって）起こるんだよな。

 発想のポイント

英語的な**無生物主語**の発想です。ここでの It は「運命、状況、天気」などを指します。直訳は「それ（運命、状況）は決して失敗しない」で、「毎回必ずこういう結果になってしまう」という運命を呪うようなニュアンスになります。

♫ 15 秒音声トレ！

It never fails whenever I'm in a situation like this.

雨男／雨女、雨に呪われている：
It never fails to rain.

It never fails to rain when I do something important.

大事なことがあるたびに雨が降ってしまう。

 発想のポイント

407 の応用と考えましょう。これも**無生物主語**です。直訳は「間違いなく雨になる」で、「雨男／雨女、雨に呪われている」というニュアンスになります。

♫ 15 秒音声トレ！

It never fails to rain when I do something important.

そういう家系なんです：

It runs in the family.

They're all doctors. I guess it runs in the family.

彼らは皆医者なんだ。家系なんだろうね。

💡 発想のポイント

無生物主語が続きます。run には「（性質や体質などが）遺伝する、伝わる」という意味があり、直訳は「家族の中に伝わる➡そういう家系、先祖代々」というニュアンスになります。

♪ 15秒音声トレ！
They're all doctors. I guess it runs in the family.

起こったことは仕方がない：

What's done is done.

What's done is done. Get over it and move on.

起こったことは仕方がない。吹っ切って、前に進むんだ。

💡 発想のポイント

直訳は「完了したことは完了した」で、「起こった・済んだことは仕方がない」というニュアンスに。「過去は変えられない」という意味でも使います。同じ意味と発想の What happened happened. もよく使われます。この表現は 301 の②の例文で登場しました。

♪ 15秒音声トレ！
What's done is done. Get over it and move on.

持っている人は持っている：
Some people just got/have it.

Some people just have it. It's in the aura, the energy, the look, and the performance. Certain things can't be taught.

持っている人は持っている。オーラも、エネルギーも、ルックス、そして能力も。教えてできるものじゃない。

💡 発想のポイント

スラングの「持っている」は got/have it で表現できます。「天性のもの、素質、才能、能力、魅力、スキル」などをまとめて、目的語 it で表すことが多いです。

🎵 15秒音声トレ！

Some people just have it. It's in the aura, the energy, the look, and the performance. Certain things can't be taught.

人生いろいろある、思い通りにいかない：
You can't control everything.

You can't control everything that happens to you. You can only control your reaction to what is happening.

人生いろいろあって思い通りにいかないこともある。思い通りにできるのは、起こったことへの対応法だけだ。

💡 発想のポイント

「人生いろいろある」は、「すべてはコントロール（制御）できない」と発想すればよいでしょう。

🎵 15秒音声トレ！

You can't control everything that happens to you. You can only control your reaction to what is happening.

人生はこれから、大器晩成、未来がある①：
Your whole life is still ahead of you.

Don't worry. You'll be fine. Your whole life is still ahead of you, so you should acquire the skills you need to succeed in a world of opportunity.

大丈夫。何とかなるよ。人生はこれから（君は大器晩成）だし、必要なスキルを身につけて生きて、チャンスに満ちた世界で成功していけばいい。

💡 発想のポイント

直訳は「君の人生はまだ先にある」。「人生はこれから（＝未来が希望に満ちているイメージ）」「大器晩成（＝これからようやく立派になっていくイメージ）」と覚えておくと使いやすくなります。

🎵 15秒音声トレ！

Don't worry. You'll be fine. Your whole life is still ahead of you, so you should acquire the skills you need to succeed in a world of opportunity.

人生はこれから、大器晩成、未来がある②：
Life has a lot to offer.

You should know it's not the end of the world. Life has a lot to offer.

これですべてが終わったわけじゃないだろう？　人生はこれからじゃないか。

💡 発想のポイント

こちらの直訳は「人生は多くを用意してくれている」で、「人生はこれからじゃないか、人生捨てたものじゃない」というニュアンスになります。

🎵 15秒音声トレ！

You should know it's not the end of the world. Life has a lot to offer.

つぶしがきく、芸は身を助く：
have a marketable skill

Once you've mastered this, you'll have a marketable skill.

これを身につければ、一生つぶしがきくよ。
（直訳：一旦これを学んだら、売れるスキルを手に入れたということだ。）

💡 発想のポイント

marketable は「需要がある、売り物になる」という意味で、「食いっぱぐれない」などの日本語に当てはめてもいいでしょう。

🎵 15秒音声トレ！

Once you've mastered this, you'll have a marketable skill.

一生もの：
stay with me forever/for life

Whatever others say, I know the extra skills I'm learning will stay with me forever.

他人が何と言おうが、今自分が学んでいる特別なスキルは一生ものになるとわかっている。

💡 発想のポイント

英語的な発想を身につけるために役立つ**無生物主語**で、「（そのスキルたちは）一生一緒にいてくれる」ととらえます。

🎵 15秒音声トレ！

Whatever others say, I know the extra skills I'm learning will stay with me forever.

〜では食べていけない：

not pay the bills

Writing novels doesn't pay the bills, I figured.

小説を書くことでは食べていけないって気づいたよ。

💡 発想のポイント

無生物主語の発想です。直訳は「〜は（生活費などの諸費用を）払わない」で、「〜では食べていけない」というニュアンスになります。

🎵 15秒音声トレ！

Writing novels doesn't pay the bills, I figured.

終わってみれば大したことのないもの・こと：

something to look back and laugh at

This task seems like a lot of work, but I'm sure it'll be something to look back and laugh at.

大変そうなタスクに見えるけど、終わってみれば大したことないって思えるはず。

💡 発想のポイント

直訳は「（済んだ後で）振り返って笑うことができるもの」で、転じて「終わってみれば・過ぎてしまえば大したことではない」というニュアンスを表現できます。

🎵 15秒音声トレ！

This task seems like a lot of work, but I'm sure it'll be something to look back and laugh at.

日頃の行いが悪い、自業自得、因果は巡る①:
What goes around comes around.

A: I heard he got kicked out of the company and has been unemployed for six months or so.

B: Well, **what goes around comes around**.

A: あいつ、会社をクビになって半年くらい無職のままらしいぜ。

B: まぁ日頃の行いが悪かったんだな。

💡 発想のポイント

関係詞 what を使う練習にぴったり。「因果応報」「因果は巡る」「情けは人のためならず」「縁」の発想に近く、あらゆる行いは巡り巡って最終的には自分に返ってくるというイメージです。

🎵 15秒音声トレ!

A: I heard he got kicked out of the company and has been unemployed for six months or so.

B: Well, what goes around comes around.

日頃の行いが悪い、自業自得、因果は巡る②:
(It/That) Serves you right.

A: A squeeze bottle of mayonnaise just burst in my bag and covered all my work documents.

B: **Serves you right.**

A: バッグの中でマヨネーズボトルが爆発して、仕事の書類がベッタベタになった。

B: ざまぁ (いい気味だ)。

💡 発想のポイント

英語的な**無生物主語**の発想です。直訳は「それが君に当然の報いをする」で、「いい気味だ、そうなって当然、罰が当たった、それみたことか」というニュアンスに。主語の It/That が省略され、一息で Serves you right. という場合も多いです。

🎵 15秒音声トレ!

A: A squeeze bottle of mayonnaise just burst in my bag and covered all my work documents.

B: Serves you right.

やったことしか出せない、
努力すれば報われる：

You get out what you put in.

Whatever you do, your job, sports, music, you name it, you should keep in mind that **you** only **get out what you put in**.

何をやるにしても、仕事でもスポーツでも音楽でも何だってそうだけど、身についたことしか（本番では）出せないものなんだ。

💡 発想のポイント

直訳は「出せるものは、入れたものだけ」で、ポジティブにもネガティブにも使えます。「身についたものしか出せない」「身から出た錆」「自業自得」「努力すれば報われる」「やった分だけ報われる」などの日本語に対応できます。

🎵 15秒音声トレ！

Whatever you do, your job, sports, music, you name it, you should keep in mind that you only get out what you put in.

慣れって怖い：

You can be immune to pretty much anything.

People around me say my job is typical slave labor and I should quit, but I figured **you can be immune to pretty much anything**.

自分の仕事はブラックだから辞めろって言われるけど、慣れって怖いものだと気づいたよ。

💡 発想のポイント

直訳は「人はたいていのものには慣れてしまう」で、「本来は慣れてはいけないものにも、人は慣れてしまうことがある」というニュアンスが表現できます。immune to ~ は「～に対する免疫がある、動じない」という意味です。

🎵 15秒音声トレ！

People around me say my job is typical slave labor and I should quit, but I figured you can be immune to pretty much anything.

謝って済む問題じゃない：

You'll have to pay for it.

If you committed a crime, **you'll have to pay for it**. It doesn't matter who you are or who you're related to.

罪を犯したら、謝って済む問題じゃないし、お前が誰だろうが、どんなコネを持っていようが関係ないからな。

💡 発想のポイント

直訳は「（代償などを）払わなければならなくなる」で、「責任を取ることからは決して逃れられない、ごめんで済んだら警察は要らない」というニュアンスを表現します。

♪ 15秒音声トレ！

If you committed a crime, you'll have to pay for it. It doesn't matter who you are or who you're related to.

負けに不思議の負けなし：

You always lose/fail for a reason.

Accept the fact that you failed. Keep in your mind that **you always lose for a reason.**

失敗した事実を受け入れるんだ。「負けに不思議の負けなし」ってことをよく覚えておくといい。

💡 発想のポイント

254で紹介したように、for a reason は「しかるべくして、きちんと理由があって」という意味で覚えておくと、口に出しやすくなります。

♪ 15秒音声トレ！

Accept the fact that you failed. Keep in your mind that you always lose for a reason.

やらない後悔よりやる後悔①：
You can quit anytime.

You will fail. You will lose. You will screw up. But that's not the end. The day you give up is. **You can quit anytime.**

失敗も、負けも、大失敗だってあるだろう。でもそこで終わりじゃない。諦めたいと思ったときこそが終わりだ。やらない後悔よりやる後悔だ。

💡 発想のポイント

「行動すれば、やめることはいつでもできる➡やらない後悔よりやる後悔」ととらえ、ニュアンスも含めて英語化します。screw up は「大失敗する」という意味。

🎵 15秒音声トレ！

You will fail. You will lose. You will screw up. But that's not the end. The day you give up is. You can quit anytime.

やらない後悔よりやる後悔②：
Any action is better than none.

Not doing anything could be an option, but **any action is better than none!**

何もやらないという手もあるが、やらない後悔よりやる後悔だよ！

💡 発想のポイント

英語的な**無生物主語**の発想です。直訳は「あらゆる行動は何もないより良い」で、「やらない後悔よりやる後悔」というニュアンスになります。

🎵 15秒音声トレ！

Not doing anything could be an option, but any action is better than none!

人間万事塞翁が馬、
人生何が起こるかわからない：
We never know what's waiting for us.

We never know what's waiting for us, so we need to make our day-to-day lives as pleasant as possible.

人生何が起こるかわからないから、その日その日をいかに楽しむかが大切なんだよ。

💡 発想のポイント

直訳は「何が私たちを待っているかはわからない」で、「人間万事塞翁が馬」のニュアンスになります。what's waiting for us は**関係詞 what** の用法です。

🎵 15秒音声トレ！

We never know what's waiting for us, so we need to make our day-to-day lives as pleasant as possible.

人の振り見てわが振り直せ：
learn from others' mistakes

The crime report teaches us to **learn from others' mistakes**. Crime doesn't pay.

その犯罪の報道は、まさに「人の振り見てわが振り直せ」と教えてくれる。犯罪なんて割に合わない。

💡 発想のポイント

直訳は「他人の失敗から学ぶ」で、「人の振り見てわが振り直せ」のニュアンスに近づきます。

🎵 15秒音声トレ！

The crime report teaches us to learn from others' mistakes. Crime doesn't pay.

当然の成り行き（として）、自明の理：

Nature takes its course.

When they like each other, then nature takes its course.

相思相愛なら、その後は当然の成り行き（自明の理）だよね。

💡 発想のポイント

「（自然の法則・摂理として）そうなるに決まっている」というイメージ。日本語では「成り行き」というと主語がはっきりしませんが、nature という**無生物主語**を使えば英語らしい文になります。

♫ 15秒音声トレ！

When they like each other, then nature takes its course.

悪いことは重なるもの：

When it rains, it pours.

When it rains, it pours. It's been tough these past couple of days.

悪いことは重なるものだな。ここ数日ずっと大変だよ。

💡 発想のポイント

ことわざとして知られている表現です。「雨が降れば必ずどしゃ降り」、つまり「悪いことは重なる、二度あることは三度ある」のニュアンスです。

♫ 15秒音声トレ！

When it rains, it pours. It's been tough these past couple of days.

□□□
428

裏表がない、見たまんま：

What you see is what you get.

With her, **what you see is what you get.**

彼女は裏表がない人だよ。

 発想のポイント

直訳は「見るものは得るものだ」で、「～はそれ以上でもそれ以下でもない、～
は見たまんまだ、～は裏表がない」という意味で使われます。

♩ 15 秒音声トレ！
With her, what you see is what you get.

□□□
429

言ってもらえるうちが華：

Negative feedback is always a good thing.

It's good that our boss thinks **negative feedback is always a good thing.**

うちの上司が、言ってもらえるうちが華だと思っているのはありがたい。

 発想のポイント

直訳は「否定的な反応はいつも良いものだ」です。「(耳の痛い話を) 言ってもら
えるうちが華」のニュアンスですから、逆に何も言ってもらえなくなったら見放さ
れたことになりますね。

♩ 15 秒音声トレ！
It's good that our boss thinks negative feedback is always a good
thing.

大局を見る、全体を俯瞰する、周りを見る：

Step back and see the whole picture.

Sometimes it's hard to step back and see the whole picture when you're hurting.

心がつらいときには物事の全体が見えなくなるよね。

💡 発想のポイント

「俯瞰する、大局を見る」といった日本語とともに覚えておくと、ビジネスシーンでも使いやすくなります。

🎵 15秒音声トレ！

Sometimes it's hard to step back and see the whole picture when you're hurting.

はかない、（この世は）無常だ：

Nothing lasts forever.
Nothing beautiful ever lasts.

The falling petals show nothing lasts forever. Nothing beautiful ever lasts.

花びらが散るのを見ると、物事のはかなさがよくわかる。美しいものはいつもはかない。

💡 発想のポイント

「はかない」を一語で表すと、ephemeral, transient, fragile, frail, vaporous と語彙力テストのようになり、肝心なときに忘れてしまう恐れがあります。それよりも、nothing を主語にして、本来の意味をシンプルに表現することを目指しましょう。

🎵 15秒音声トレ！

The falling petals show nothing lasts forever. Nothing beautiful ever lasts.

□□□
432

タダより高いものはない：

There's no such thing as a free lunch.

I got this for free, but it was expensive to fix. **There's no such thing as a free lunch.**

これをタダでもらったけど、修理代が高くついた。タダより高いものはないね。

 発想のポイント

「タダより高いものはない」に近い定型表現は英語にもあり、There's no such thing as a free lunch. を使うといいでしょう。free lunch は「客寄せ用の無料のランチ」のことです。

♩ 15 秒音声トレ！

I got this for free, but it was expensive to fix. There's no such thing as a free lunch.

□□□
433

明日やろうはバカやろう：

Only fools procrastinate.

People say **only fools procrastinate**, but I'd rather enjoy the procrastination for now.

「明日やろうはバカやろう」って言うけど、今のところは「明日やろう」を楽しんでおこう。

発想のポイント

直訳すると「バカだけが先延ばしにする」となります。procrastinate（先延ばしにする）という単語はスペルも長く難しく思えますが、日常生活でもよく使われます。

♩ 15 秒音声トレ！

People say only fools procrastinate, but I'd rather enjoy the procrastination for now.

9

世の中の真実を語る

269

北風と太陽：
figure out what they want

It's all about figuring out what they want instead of being forceful.

こういうのってやっぱり「北風と太陽」なんだよね。
（別訳：強制するよりも、相手の欲しているものを察することが本質なんだよね。）

💡 発想のポイント

「北風と太陽」はほぼ100%の確率で例え話として使われます。figure out what they want（欲しているものを察する➡北風と太陽）ととらえるといいでしょう。「察し、与える」ので「おもてなし」の英訳にもなります。

🎵 15秒音声トレ！

It's all about figuring out what they want instead of being forceful.

ないものねだり、正反対だからうまくいく：
Opposites attract.

They say opposites attract, but in this case, they also have lots of similarities to my eyes.

「正反対だからうまくいく」とは言うものの、私には彼らの間に共通点も多くあるように思う。

💡 発想のポイント

英語的な**無生物主語**の発想です。直訳は「正反対のものは惹きつける」で、「ないものねだり、正反対だからうまくいく、でこぼこカップル」などのニュアンスに。見た目、身長、体形、年齢、肌の色など「正反対同士が惹かれあう」という一般論的にも使います。

🎵 15秒音声トレ！

They say opposites attract, but in this case, they also have lots of similarities to my eyes.

436

やる気はやるから出る：start small

You can **start small** and gain momentum over time.

控えめに開始して、時間とともにやる気を高めていけばいいんだよ。
（別訳：やる気はやるから出るものだよ。）

 発想のポイント

「とりあえず始めるだけで、やる気がどんどんわいてくる」という「作業興奮」の説明も、start small でしっかりと伝えることができます。gain momentum で「勢い・はずみがつく」ということです。

♪ 15秒音声トレ！

You can star<u>t</u> small an<u>d</u> gain momen<u>tum</u> over time.

436

お金では買えないものもある：

There's a limit to what money can buy.

You often say, "Money talks," but you should know **there's a limit to what money can buy.**

君はよく「世の中は金だ」って言うけど、お金では買えないものもあるって知っておいた方がいいよ。

 発想のポイント

無生物主語の発想です。直訳は「お金が買えるものには限度がある」で、「お金では買えないものもある」というニュアンスになります。

♪ 15秒音声トレ！

You often say, "Money talks," bu<u>t</u> you shoul<u>d</u> know there'<u>s a</u> limi<u>t</u> to wha<u>t</u> money can buy.

9

世の中の真実を語る

思い出に涙する：

The nostalgia brings tears to my eyes.

I still keep the diary and pictures, and the nostalgia brings tears to my eyes.

今でも日記と写真は持っていて、郷愁（思い出）に涙する。

💡 発想のポイント

無生物主語の発想です。直訳は「郷愁（思い出）が私の目に涙を運んでくる」で、「思い出に（思わず）涙する、泣いてしまう、涙腺がゆるむ」というニュアンスになります。

🎵 15秒音声トレ！

I still keep the diary and pictures, and the nostalgia brings tears to my eyes.

他人事じゃない、明日はわが身よ：

The same goes for you.

Don't think you're okay. The same goes for you.

自分は大丈夫なんて思うなよ。他人事じゃないんだからな。

💡 発想のポイント

無生物主語の発想が続きます。直訳は「同じことが君にも当てはまる」で、「他人事じゃない、明日はわが身よ」というニュアンスになります。

🎵 15秒音声トレ！

Don't think you're okay. The same goes for you.

ブレない、ブレるな：Be yourself.

Be yourself, and you'll get what you want.

ブレるなよ、望みはかなうから。

💡 発想のポイント

直訳は「自分らしくあれ」。Be yourself. だけで、「流されるな」「ブレるな」「あるがままでいい」「周りの目は気にしない」「無理するな」「リラックスしろ」「何も変えなくていい」などの日本語すべてに対応させることができます。

🎵 15秒音声トレ！

Be yourself, and you'll get what you want.

無理するな、自分のペースで、無茶するな： Pace yourself.

Don't even pay attention to who says what to whom on social media. Just **pace yourself,** and you'll come out on top.

SNS で誰が何を誰に言ってるかなんて気にさえするんじゃない。自分のペースで行けばトップに立てるよ。

💡 発想のポイント

pace は動詞にもなります。また、*oneself* 系の表現は日本語的な発想では思いつきにくいので、出会ったら必ず声に出して記憶に定着させましょう。

🎵 15秒音声トレ！

Don't even pay attention to who says what to whom on social media. Just pace yourself, and you'll come out on top.

「あいまい」を追求し、
日本語のような感覚で英語を話す

「英語は結論からダイレクトに話せ！」
「英語の極意はロジック（論理）なのだ！」
　このような言説を英語を独学する過程で何百回聞いたことでしょうか。しかしながら、通訳者として稼働し始めてからというもの、私はこうした意見に強い違和感を持つようになりました。
　なぜなら英語圏やその他の国々にもいろいろなタイプの人がいて、彼らが話すときに必ずしも「論理的で、結論からダイレクトな」話し方をしているわけではないからです。要するに**「そんなものは人による」**ということです。私に言わせれば、たまたま「論理的な人が自分に合わせた論理的なしゃべり方」を実践したにすぎないと思っています。

　この世には論理的な人もいれば、情緒的な人もいます。結論からものを言うことが得意な人もいれば、そうではない人もいます。
　これは、文化や言語の違いを超えて、人それぞれの性分として存在していると言っていいでしょう。通訳をするときは、そのようなスピーカーの性格的な特性も観察によってできる限り把握するように努めています。

自分の性格をねじ曲げる必要はない

　一方、英語のスピーキングを指導する中で、

　「自分ははっきりとモノを言うのが苦手なのですが、"あいまい"な日本語の話し方をどう英語にすればいいですか?」

　「この日本語って英語にできますか?」

という質問を毎回のように受けます。

　これらの質問には、実は英語を自在に話すカギが含まれています。「普段の自分のままの"あいまい"な話し方がそのまま英語になるなら、スピーキングは一気に楽になる」ことを意味しているからです。

　要するに、普段日本語を話す感覚で、英語を話せるようにしてしまえばいいのです。「この日本語は英語で何て言うのだろう?」という視点を持って英語に接していれば、それに対応する表現にいずれ出会い、自分のものとすることができるはずです。

　日本語の話し方を振り返ったり録音したりすると、自分の癖に似た英語表現の使いどころはきっと多いと思います。「まるで日本語を話しているような感覚」で英語を口に出せる快楽が得られるまで、前進していきましょう。

10

日本語特有の表現を伝える

□□□
442
粋（いき）な：**with style**

He does everything **with style**!

彼は何をやっても粋なんだよなぁ！

💡 発想のポイント

「粋」にはさまざまな英語が考えられます。この with style（流儀をもって）は汎用性が高く、ぜひ使えるようにしておきたい表現です。

🎵 15秒音声トレ！

He does everything with style!

□□□
443
語呂がいい：**sound neat, rhyme**

Wow, that **sounds neat**. It **rhymes**!

わー、それ語呂がいいね！　韻を踏んでいていい感じ！

💡 発想のポイント

英語的な**無生物主語**の発想です。直訳は sound neat が「〜が整って聞こえる」、~ rhyme は「〜が韻を踏んでいる」となり、どちらも「語呂がいい」というニュアンスになります。

🎵 15秒音声トレ！

Wow, that sounds neat. It rhymes!

味が(引き)締まる：

bring (all) the flavors together

Wasabi's subtle heat and the slight saltiness go wonderfully with the juicy wagyu beef, bringing all the flavors together.

ツンとくるわさびとかすかな塩気がジューシーな和牛にとても合い、味が(引き)締まるんです。

💡 **発想のポイント**

「いろいろな味をまとめ上げる」というイメージです。「(素材の) 味の良さを引き出す」であれば bring out its flavor も可。逆に「味がぼやける、ダメになる」なら ruin its flavor とするといいでしょう。

🎵 **15秒音声トレ！**

Wasabi's subtle heat and the slight saltiness go wonderfully with the juicy wagyu beef, bringing all the flavors together.

言葉を選ぶ：word ~ carefully

Actually, I don't see anything wrong with his statement. It's just that he should have worded it more carefully.

実のところ、彼の発言に問題があるんじゃないんだ。ただ単にもっと言葉を選ぶべきだったというだけなんだ。

💡 **発想のポイント**

ここでは word を「〜を言葉で表す」という動詞として使っています。「注意深く言葉で表す➡言葉を選ぶ」ということです。

🎵 **15秒音声トレ！**

Actually, I don't see anything wrong with his statement. It's just that he should have worded it more carefully.

無理くり、何とかする①：
manage it (somehow)

Their requirement is irrational, but we need to manage it somehow, like we always have.

先方の要求は無茶だけど、今まで通りに無理くりやるしかない。

💡 発想のポイント

「無理くり」という言葉には、日英同時通訳で何度も遭遇しました。「（無理を承知で）何とかする」を表すには manage が便利。「何とかします」は I will manage (it). で瞬時に伝わります。

🎵 15秒音声トレ！

Their requirement is irrational, but we need to manage it somehow, like we always have.

無理くり、何とかする②：
figure something out

This is an unreasonable request, but I'll figure something out.

理不尽な要求だけど、何とかします。

💡 発想のポイント

直訳は「（試行錯誤しながら）何かを理解・解決する」で、日本語の「何とかする」とほぼ同じニュアンスになります。

🎵 15秒音声トレ！

This is an unreasonable request, but I'll figure something out.

筋を通す①：
not go back on *one*'s word

I don't think I should **go back on my word**. I'd better finish what I started no matter what it takes.

私は、筋を通すべきだと思ってる。始めてしまったものは、何としても仕上げないといけない。

💡 発想のポイント

直訳は「自分の言ったことに後戻りをしない」です。You shouldn't go back on your word.（言ったことを曲げるな➡筋は通すべきだ、約束を守れ）は言えるようにしておきましょう。

🎵 15秒音声トレ！

I don't think I should go back on my word. I'd better finish what I started no matter what it takes.

筋を通す②：
go through (the) proper channels

They need to **go through the proper channels** to get a peaceful settlement.

彼らが円満解決を望むなら、筋を通す必要がある。

💡 発想のポイント

「悪いことをしないで、正当な・真っ当な方法で」「しかるべきところに話を通して」物事を進めるイメージです。proper channels（正規のルート、正式な手順、しかるべき筋）という表現にも注目しましょう。

🎵 15秒音声トレ！

They need to go through the proper channels to get a peaceful settlement.

けじめをつける、筋を通す③：
finish what *one* starts

Finish what you start, or don't start at all.

けじめをつけられないなら、初めからやるんじゃない。

💡 発想のポイント

直訳は「始めたことは最後までやる」で、「けじめをつける、筋を通す」のニュアンスを表現できます。

🎵 15 秒音声トレ！

Finish what you start, or don't start at all.

自分を大切にする：respect *one*self

I'm cutting off the people I hate because I've learned to respect myself.

嫌いな人と縁切りしてるのは、自分自身を大切にできるようになったから。

💡 発想のポイント

直訳は「自分を尊重する」で、転じて「自分を大切にする」のニュアンスを表現できます。

🎵 15 秒音声トレ！

I'm cutting off the people I hate because I've learned to respect myself.

〜最優先、〜至上主義：~ come first

I think I'll take the Super Express. Paying an extra 500 yen is nothing, and comfort comes first!

特急で行こう。500 円の追加料金なんて知れてるし、快適さが最優先だよ。

💡 発想のポイント

top priority と直訳する前に、〈主語＋動詞〉で表せないか考えましょう。
~ come first で「第一に、最初にくる➡〜第一、〜至上主義」ととらえます。例
えば、「信用第一」は Trust comes first. と表現できます。

🎵 15 秒音声トレ！

I think I'll take the Super Express. Paying an extra 500 yen is
nothing, and comfort comes first!

見て見ぬふりをする、見なかったことにする：look the other way

Most people look the other way from what's really happening, but I won't.

大多数の人は現実を見て見ぬふりをするけど、自分はそうはしない。

💡 発想のポイント

look the other way は、「(問題のありかとは) 別の方向をわざと見る」イメージ
です。

🎵 15 秒音声トレ！

Most people look the other way from what's really happening, but I
won't.

急がば回れ、ゆっくりと急ぐ：
go slow to be fast

You should go slow to be fast sometimes. That's how you set a pace for the long term.

時には「急がば回れ」がいいこともある。そうやって長丁場でのペースをつかむんだ。

💡 発想のポイント

Haste makes waste. や More haste, less speed. のような定訳のことわざを知らなくても、これで表現できます。「速くなるためにゆっくり行け➡急がば回れ」というニュアンスになります。

🎵 15秒音声トレ！

You should go slow to be fast sometimes. That's how you set a pace for the long term.

石橋を叩いて渡る、慎重になる：
think twice (before ~)

He always thinks twice before doing anything, which is why he's cut out for this job.

彼は何をするにしても石橋を叩いて渡るタイプだから、この仕事にはうってつけだ。

💡 発想のポイント

「（〜する前に）二度考える➡慎重である➡石橋を叩いて渡る」と解釈しましょう。be cut out for ~ は「（仕事などが）〜に向いている」という意味。

🎵 15秒音声トレ！

He always thinks twice before doing anything, which is why he's cut out for this job.

居場所を見つける、天職 (ハマリ役)を得る：
find *one*'s niche

I'm glad you **found your niche**. You have great potential, and I'm here if you need anything.

君の居場所が見つかって良かった。君には才能があるし、いつでも相談してほしい。

💡 発想のポイント

niche は「すき間 (市場)」で知られていますが、「(人の能力に応じた) 適所、(能力を) 活かす場所、得意分野 ➡ 能力を活かせる居場所」という意味もあります。「得意分野、適材適所、水を得た魚」といった日本語にも対応できます。

🎵 15秒音声トレ！

I'm glad you found your niche. You have great potential, and I'm here if you need anything.

本性を現す、馬脚を現す、育ちがバレる：
show *one*'s true colors

I hear the influencer **showed his true colors** to the woman as soon as he walked into the hotel room.

あのインフルエンサーはホテルの部屋に入った途端、その女性に本性を現したらしい。

💡 発想のポイント

直訳は「〜の本当の色を見せる」で、転じて「本性を現す」。show *one*'s true colors は「(ジャーナリストなどが) 有名人などの化けの皮をはぐ」という意味でも使われます。

🎵 15秒音声トレ！

I hear the influencer showed his true colors to the woman as soon as he walked into the hotel room.

日本語特有の表現を伝える

〜をバネにする（栄養・糧にする）: feed on 〜

I **feed on** criticism! It's my driving force, I'd say.

批判をバネにしてるんだよ。自分的にはそれがやる気のもとになってる。

 発想のポイント

直訳は「〜を常食とする、餌にする」です。そこから比喩的に「〜を糧・バネにする」の意味でよく使われます。

♩ 15秒音声トレ！

I feed on criticism! It's my driving force, I'd say.

逆境をバネにする：

thrive on adversity

She seems to **thrive on adversity** and turns it into success.

彼女は逆境をバネにして、成功につなげていくタイプのようだ。

 発想のポイント

thrive on 〜 は（〜のもとで栄える、成長する）という意味。on の後に adversity, defeat, hardship, pain, stress といったネガティブな単語を置くと、「〜をバネに成長する」というニュアンスになります。

♩ 15秒音声トレ！

She seems to thrive on adversity and turns it into success.

ほめられて伸びる：
thrive on compliments/praise

I'm getting lovely feedback, and it motivates. I thrive on compliments.

いいフィードバックがきて、やる気につながってる。私はほめられて伸びるタイプなんだ。

💡 発想のポイント

thrive on ～ の後ろにポジティブな単語を持ってくるパターンで、thrive on compliments/praise の直訳は「ほめ言葉の上で栄える、繁栄する」。456 の thrive on adversity と対にして覚えておきましょう。

♪ 15秒音声トレ！
I'm getting lovely feedback, and it motivates. I thrive on compliments.

～しか取り柄がない：All I've got is ～.

All I've got is energy and focus, but I'm ready to work my way up.

元気と目的意識しか取り柄がないけど、成り上がってみせる。

💡 発想のポイント

直訳は「持っているものは～だけ」で、転じて「～しか取り柄がない」という意味になり、よく使う日本語も簡単に表すことができます。All I've got is time.（時間しか取り柄がない）、All I've got is freedom.（自由しか取り柄がない）、All I've got is skills.（スキルしか取り柄がない）のように、名詞を入れ替えてどんどん使い回すとよいでしょう。work *one*'s way up は「次第に出世する」という意味。

♪ 15秒音声トレ！
All I've got is energy and focus, but I'm ready to work my way up.

10

日本語特有の表現を伝える

かゆいところに手が届く、肝心なときに役立つ①：
give exactly what ~ want

This service never fails to give us exactly what we want, when and where we want it.

このサービスは確実にかゆいところに手が届く…ベストのタイミングと場所で。

💡 発想のポイント

「かゆいところに手が届く」という表現も、結局は「まさに欲しているもの（行動）を与える」ととらえれば give what ~ want（〜が欲するものを与える）で英語化できます。

🎵 15秒音声トレ！

This service never fails to give us exactly what we want, when and where we want it.

- -

かゆいところに手が届く、肝心なときに役立つ②：
work where it matters

The new policy seems to work exactly where it matters.

新しい政策は、かゆいところにしっかり手が届いているようだ。

💡 発想のポイント

直訳は「重要なところで効果が出る」で、「かゆいところに手が届く」「必要としている人に（支援などが）届く」といった日本語に対応させることができます。

🎵 15秒音声トレ！

The new policy seems to work exactly where it matters.

やぶへびになる①：

reflect poorly (on ~)

Stop bragging about yourself. It just reflects poorly on you.

自画自賛はやめとけよ。逆効果にしかならないから。

💡 発想のポイント

reflect poorly on ~ は「～にまずく反射する」、つまり「自分が悪く見えることになる」という意味。本来のニュアンスまで英語化できます。brag about ~ は「～について自慢する」ということです。

🎵 15秒音声トレ！

Stop bragging about yourself. It just reflects poorly on you.

やぶへびになる②（語るほど…しなくなる）：

The more he talks, the less...

The more he talks, the less seriously they take him.

彼がしゃべればしゃべるほど、まともに話を聞いてもらえなくなっている。

💡 発想のポイント

直訳すると「語れば語るほど…ではなくなっていく」となり、「ペラペラしゃべるほど存在感（や地位）を失う、自慢するほど小さく見える」というニュアンスになります。

🎵 15秒音声トレ！

The more he talks, the less seriously they take him.

いさぎよく諦める、諦めがよい：
take rejection well

I turned down the guy who wanted to go out with me. Now, let's see if he **takes rejection well** or not.

私と付き合いたいと言ってきた男を振ってやった。さあ、いさぎよく諦めるかどうか見ものだわ。

発想のポイント

直訳は「拒絶をよく受け入れる」。告白の場面で Don't worry. I take rejection well.（気にしないで。断ってくれても大丈夫だから）のような使い方もできます。

🎵 15秒音声トレ！

I turned down the guy who wanted to go out with me. Now, let's see if he takes rejection well or not.

水に流す、気持ちを切り替える：
put it behind me/us

What happened happened, so there's no going back. I've already **put it behind me**.

起こったことは仕方ないし、後戻りなんてできないから。もうそのことは水に流したよ。

発想のポイント

「後ろ（過去）に置くことで忘れてしまう」というイメージです。「水に流す、（意図的に）忘れる、（過去を）引きずらない、後に残さない」といった日本語にも当てはまります。What happened happened は何度も登場した表現ですね。

🎵 15秒音声トレ！

What happened happened, so there's no going back. I've already put it behind me.

気負いすぎる、力みすぎる、わざとらしい：
try too hard

When I went on a date a couple of days ago, I was **trying too hard** to impress her, and I did way more talking than usual.

2、3日前にデートに行ったとき、気負いすぎて自己アピールとおしゃべりを普段よりやりすぎてしまった。

💡 **発想のポイント**

try too hard は「頑張りすぎる」という意味。この表現で「気負う、力む、（結果として）わざとらしい」というニュアンスを表現できます。また、131 で取り上げたように try to impress には「〜に良く思われようとする」という意味があり、よく使います。

🎵 **15秒音声トレ！**

When I went on a date a couple of days ago, I was trying too hard to impress her, and I did way more talking than usual.

神出鬼没、どこからともなく現れる：
show up when least expected

He always **shows up when least expected**, which gives me the creeps.

あいつは神出鬼没で、ぞっとするほど気味が悪い。

💡 **発想のポイント**

「最もありえないときに限って現れる」というニュアンス。more/most と違い、less/least を使った表現は思いつきにくいので、普段から積極的に練習して使えるようにしましょう。give ~ the creeps は「〜をぞっとさせる」という意味。

🎵 **15秒音声トレ！**

He always shows up when least expected, which gives me the creeps.

身に覚えがない：

have no idea what ~ be talking about

I have no idea what you're talking about! Maybe you took me for somebody else.

私には全く身に覚えがありません！ 誰かと間違えていませんか？

💡 発想のポイント

直訳は「一体何のことを言っているのかわかりません」で、「身に覚えがない」というニュアンスに。「身に覚えがありますよね？」であれば、同じく what を使い、You know what you've done.（何をやったかわかっていますよね）と言えばいいでしょう。

🎵 15 秒音声トレ！

I have no idea what you're talking about! Maybe you took me for somebody else.

後出しじゃんけん：

too late to bring it up

It's too late to bring it up. What's done is done, and you can't change it now.

そんなの後出しじゃんけんでしょ。起こったことは仕方ないし、変えようがないんだから。

💡 発想のポイント

「後出しじゃんけん」のような比喩表現は、「後になって（今さら）言ってももう遅い」と分解して考えると、表現しやすくなります。

🎵 15 秒音声トレ！

It's too late to bring it up. What's done is done, and you can't change it now.

耳が痛い、真実すぎてつらい：

so true that it hurts

This is **so true that it hurts** me to just read this tweet.

このツイートを見ていると、あまりにも真実で本当に耳が痛い。

 発想のポイント

直訳すると「あまりにも本当で（心に）痛みさえ感じる」、つまり「耳が痛い」というイメージを表しています。

♩ 15 秒音声トレ！

This is so true that it hurts me to just read this tweet.

耳にタコができるほど聞いている：

hear it all the time

I **hear it all the time**. I mean, I've had it.

それ、耳にタコができるほど聞いてる。もうたくさん。

発想のポイント

「耳にタコができる」という日本語に独特な表現も、結局は「いつも聞いている」と解釈すると英語にしやすくなります。

♩ 15 秒音声トレ！

I hear it all the time. I mean, I've had it.

食っちゃ寝する：
eat like a pig and lie in bed like a beached whale

I ate like a pig and lay in bed like a beached whale, wasting all day yesterday.

食っちゃ寝で、昨日丸一日を無駄にしてしまった。

💡 発想のポイント

All I do is eat and sleep. でももちろんよいのですが、時には笑いを取りにいきましょう。日本的な自虐ネタを鮮やかに英語化するのも一興です。beached whale は「浜に打ち上げられたクジラ」のことです。

🎵 15秒音声トレ！

I ate like a pig and lay in bed like a beached whale, wasting all day yesterday.

（〜に）折に触れて言う：
tell 〜 as often as I can

I try to tell her **as often as I can** how proud I am of her and that she's beautiful just the way she is.

私は彼女に対して、彼女のことを誇りに思っていて、ありのままの姿がキレイなんだよと折に触れて伝えている。

💡 発想のポイント

「折に触れて言う」という日本語らしい表現も、シンプルに「言えるときはいつも言う」と考えると英語にしやすくなります。

🎵 15秒音声トレ！

I try to tell her as often as I can how proud I am of her and that she's beautiful just the way she is.

右へならえ、付和雷同：
follow people blindly

You should stop following people blindly just because the media says so. Why don't you use your own judgment?

メディアでそう言われているからって、右へならえでいいのか？　自分で判断すべきだろ？

💡 **発想のポイント**

直訳は「群衆に盲目的に（何も考えずに）ついていく」となり、「右へならえ、付和雷同」のニュアンスになります。

🎵 **15秒音声トレ!**

You should stop following people blindly just because the media says so. Why don't you use your own judgment?

骨をうずめる、ついのすみか：
home for life

I was born in Japan, but the US is my home for life now.

日本で生まれたけれど、今はアメリカに骨をうずめるつもりです。

💡 **発想のポイント**

直訳は「生涯生きてゆく地（= 死に場所）」で、「骨をうずめる」のニュアンスを表現できます。「一生ここにいる、生涯をささげる」という意味でも使うことができます。

🎵 **15秒音声トレ!**

I was born in Japan, but the US is my home for life now.

473

～に甘い、弱い：soft spot

His girlfriend is his soft spot, but he tries to deny it.

あいつは自分の彼女には弱いんだよな。本人は否定してるけど。

💡 発想のポイント

soft spot は「弱点、痛いところ」という意味で、「～に甘い・弱い」のニュアンスになります。

🎵 15秒音声トレ！

His girlfriend is his soft spot, but he tries to deny it.

474

人の道、正しい道、ちゃんとした生き方： the right path

My homeroom teacher kept me on the right path while all hell was breaking loose at home.

家庭内がめちゃくちゃになりつつあるとき、担任の先生が私を正しい道に導いてくれた。

💡 発想のポイント

日本語の「(人生・キャリアなどの)道」は path で表現でき、「人の道、正しい生き方、正道」などはすべて the right path (正しい道) と言い表すことができます。break loose は「(騒ぎなどが)起こる」という意味。

🎵 15秒音声トレ！

My homeroom teacher kept me on the right path while all hell was breaking loose at home.

人生観 (〜観)：the way I look at (life)

Her book has completely changed the way I look at life and the world.

彼女の本のせいで、私の人生観も世界観も完全に変わってしまった。

💡 発想のポイント

直訳は「〜に対する見方」です。「世界観」なら the way I look at the world、「相場観」なら the way I look at the market のように、どんどん応用が利きます。

🎵 15秒音声トレ！

Her book has completely changed the way I look at life and the world.

ありがた迷惑、余計なお世話：
unwanted/unwelcome favor

It's such an unwanted favor, though. She just does this to get likes on social media.

本当にありがた迷惑だよね。あの人はSNSで「いいね」が欲しくてこれをしてるんでしょ。

💡 発想のポイント

直訳は「求められていない親切」で、「ありがた迷惑、親切の押し売り」のニュアンスになります。unwanted も unwelcome も「求められていない」ということです。

🎵 15秒音声トレ！

It's such an unwanted favor, though. She just does this to get likes on social media.

身の上話：what happened in my life

Let me tell you what happened in my life.

ちょっと身の上話をしてもいいかな？

 発想のポイント

直訳して personal story とするやり方もありますが、what happened in my life（私の人生で起こったこと）のように**関係詞 what** を使う方が英語らしいです。発話の瞬発力も飛躍的に向上するでしょう。

♪ 15 秒音声トレ！

Let me tell you what happened in my life.

やりがい、生きがい：

what keeps me going

What keeps me going is the fact that there are people who like the same things I do.

私の生きがいは、自分がしていることと同じことを楽しんでいる人がいるという事実です。
（別訳：趣味が同じ人がいることが生きがいになっています。）

 発想のポイント

直訳は「私を動かし続けるもの」。What keeps you going? と疑問文にすると、「あなたの生きがい・やりがいは何ですか？」というインタビューで定番の質問になります。

♪ 15 秒音声トレ！

What keeps me going is the fact that there are people who like the same things I do.

縁の下の力持ち、日の目を見ない：

one's efforts go unrecognized (and unappreciated)

We cannot let his efforts go unrecognized and unappreciated, and shouldn't miss the opportunity to show our gratitude.

彼を縁の下の力持ちのままにしてはダメだ。私たちの感謝を伝える機会を持たないと！

💡 発想のポイント

直訳は「〜の努力が認知されず、評価もされずに去ってしまう」で、「縁の下の力持ち、日の目を見ない」といった日本語のニュアンスを表現できます。

🎵 15秒音声トレ！

We cannot let his efforts go unrecognized and unappreciated, and shouldn't miss the opportunity to show our gratitude.

（芸の）肥やし、成長の糧：

character building

Whenever I make a mistake or face a challenge, I tell myself it's character building.

失敗したり大変なことがあるたびに、それは自分の「肥やし」だと思うようにしています。

💡 発想のポイント

直訳は「個性を作る（機会）、人格形成、キャラづくり」。「（嫌なこと・つらいことがあっても）それこそが魅力を増している瞬間である」というニュアンスのポジティブな言葉で、誰かを激励するときにもよく使われます。

🎵 15秒音声トレ！

Whenever I make a mistake or face a challenge, I tell myself it's character building.

死に物狂いで：
like there's no tomorrow

Don't let anyone tell you it can't be done. Dig in and study like there's no tomorrow.

不可能なんて誰にも言わせるな。集中して、死に物狂いで勉強するんだ。

 発想のポイント

「明日という日がないかのごとく➡死に物狂いで」ととらえましょう。dig in は「(仕事・勉強で)頑張る」ことです。

🎵 15秒音声トレ！

Don't let anyone tell you it can't be done. Dig in and study like there's no tomorrow.

魔が差す：in a weak moment

Anybody can make a mistake in a weak moment. Maybe we should put it behind us.

誰でも魔が差して間違いをすることはある。水に流してあげてもいいんじゃないか？

 発想のポイント

「魔が差す」にはさまざまな表現が考えられますが、in a weak moment (心が弱って、判断力が鈍って➡魔が差して)は汎用性が高くとても使いやすいです。put it behind us (水に流す)は 462 で紹介しました。

🎵 15秒音声トレ！

Anybody can make a mistake in a weak moment. Maybe we should put it behind us.

しれっと、平然と、無造作に：
like it was nothing

He bench-pressed 400 pounds like it was nothing.

あいつ、ベンチプレスでしれっと 400 ポンドを上げてたよ。

💡 発想のポイント

「平然と（何かをやってのける）」というニュアンスで、「しれっと」というカジュアルな日本語にも対応できます。

🎵 15 秒音声トレ！

He bench-pressed 400 pounds like it was nothing.

（ただならぬ）因縁・運命を感じる：
not just a coincidence,
more than a coincidence

Why do they do things on the exact same dates? I feel it's not just a coincidence.

彼ら（同業他社など）はどうしてウチと同じ日程でやっているんだ？　何か因縁めいたものを感じるよ。

💡 発想のポイント

「因縁」という概念も、「偶然ではない、偶然を越えたもの、確たる理由があるはず」ととらえることで英語化できます。

🎵 15 秒音声トレ！

Why do they do things on the exact same dates? I feel it's not just a coincidence.

因縁（の対決）が続く：
So the feud continues.

A lot has happened between them, so the feud continues.

彼らの間にはいろいろあって、因縁（の対決）は続いていく。

 発想のポイント

英語的な**無生物主語**の発想です。feud は「（長年の）確執、反目」といった意味で、「因縁（の対決）は続いていく」というニュアンスに。スポーツや格闘技の実況などでも使われる表現です。

♩ 15 秒音声トレ！

A lot has happened between them, so the feud continues.

～に縁がない：never come my way

Money and luck never come my way, it seems.

自分は金にも運気にも縁がないようだ。

 発想のポイント

これも**無生物主語**の発想です。直訳は「お金も運気も私の方にはやってこない」で、「縁がない」というニュアンスになります。

♩ 15 秒音声トレ！

Money and luck never come my way, it seems.

詰めが甘い①：
I could have done it better.

I could've done it better. I really regret posting what I did!

詰めが甘かったか。自分がやったことを (SNS に) 投稿してしまうなんて！

💡 発想のポイント

「もっとよくできたのに！（でも、できなかった）」という、すでに済んでしまったことを後悔する表現です。

🎵 15秒音声トレ！

I could've done it better. I really regret posting what I did!

- -

詰めが甘い②：
I didn't follow through on it.

I kind of saw it coming. I'm not sure why **I didn't follow through on it**.

こうなることは何となくわかっていたのに。どうして詰めが甘くなったか、自分でもわからない。

💡 発想のポイント

follow through は「最後までやり抜く」の意味。その否定形なので「最後までやり通さなかった」となり、「詰めが甘かった」のニュアンスに。

🎵 15秒音声トレ！

I kind of saw it coming. I'm not sure why I didn't follow through on it.

<ruby>積読<rt>つんどく</rt></ruby>① :

My unread books need my attention.

All **my unread books need my attention** because they're collecting dust.

未読の本は皆かまってほしがっているよ、ほこりをかぶりながらね。

💡 発想のポイント

need attention（かまってほしがる）も collect dust（ほこりをかぶる）も「本が読まれず放置されていること」を伝えています。「積読」のような言い回しは直訳せず、イメージを活かしてユーモアを交えつつ表現しましょう。

🎵 15秒音声トレ！

All my unread books need my attention because they're collecting dust.

- -

積読② :

The unread book has been sitting in ~

The unread book has been sitting in my room for a year or so.

その本は1年とかそれくらい、積読状態だよ。

💡 発想のポイント

英語的な**無生物主語**の発想です。直訳は「その本が部屋の中でずっと座っている」で、「積読」のニュアンスに迫っています。

🎵 15秒音声トレ！

The unread book has been sitting in my room for a year or so.

一期一会：I treasure every encounter.

Things can get sour between people, but people are irreplaceable. That's why **I treasure every encounter.**

仲たがいすることもあるけど、人は取り換えがきかないし、一期一会を大事にしている。

💡 **発想のポイント**

発話力を上げるためには、〈主語＋動詞〉での表現が欠かせません。直訳は「一つひとつの出会いを大事にする」で、「一期一会」のニュアンスになります。Every encounter is a treasure.（一つひとつの出会いは宝物）という言い方も可能です。

🎵 **15秒音声トレ！**

Things can get sour between people, but people are irreplaceable. That's why I treasure every encounter.

引き算の美学、わびさび、渋さ、機能美：

Less is more.

Less is more. That's why the 1940s style will always be universally attractive.

引き算の美学だね。だからこそ1940年代のファッションは普遍的な魅力を失わない。

💡 **発想のポイント**

直訳は「少ないほど多い」。「無駄を省き、シンプルになるほど価値と魅力を増す」イメージです。日本の「わびさび、ひなびた、渋い」などのニュアンスにも通じます。「無駄を排し、機能を追求したデザイン」という意味で「機能美」という意味にも。

🎵 **15秒音声トレ！**

Less is more. That's why the 1940s style will always be universally attractive.

我田引水、欲目、ポジショントーク①：
People see what they want to see.

People see what they want to see in order to believe what they want to believe, but it never has anything to do with the truth.

人は信じたいものを信じるために我田引水してしまうけど、それは絶対に真実ではないんだよね。

💡 発想のポイント

直訳は「人は見たいものを見るものだ」です。転じて「人は（物事の）自分にとって都合のいい部分しか見ない」と解釈します。

🎵 15秒音声トレ！

People see what they want to see in order to believe what they want to believe, but it never has anything to do with the truth.

- -

我田引水、欲目、ポジショントーク②：
wishful thinking

Stop being delusional. You have no data to back it up. That's just your **wishful thinking**.

妄想はよくないぞ、証拠になるデータもないじゃないか。要するにそれって、お前のポジショントークってことだろ。

💡 発想のポイント

「甘い考え、希望的観測、夢想」のイメージで、「我田引水、欲目、ポジショントーク」などの日本語に対応させることができます。

🎵 15秒音声トレ！

Stop being delusional. You have no data to back it up. That's just your wishful thinking.

恥かいてナンボ、笑わせてナンボ①：
No one ever died of embarrassment.

Don't be embarrassed. Getting help is the first step, and remember no one ever died of embarrassment.

恥ずかしがらないで。助けを求めるのは大事な一歩だし、恥かいてナンボだから。

 発想のポイント

直訳は「恥で死んだ人などいない」となり、「恥かいてナンボ」のニュアンスに。文脈によっては、「聞くは一時の恥、聞かぬは一生の恥」などの日本語にも対応できます。

♪ 15 秒 音 声 ト レ !

Don't be embarrassed. Getting help is the first step, and remember no one ever died of embarrassment.

恥かいてナンボ、笑わせてナンボ②：
Who cares what they laugh at?

Who cares what they laugh at? If you're sure of yourself, go for it!

恥かいてナンボだぜ。自信（確信）があるなら、やればいいじゃん！

 発想のポイント

直訳は「人が何を笑おうが、知ったことか！」で、「恥かいてナンボ」のニュアンスに迫ることができます。**関係詞 what** の使用に慣れると、発話の瞬発力が向上します。

♪ 15 秒 音 声 ト レ !

Who cares what they laugh at? If you're sure of yourself, go for it!

奥歯にものの挟まった言い方をするなよ：

Don't mince your words.

Don't mince your words. Please tell us what you really think.

奥歯にものの挟まった言い方はしないで、思いの丈をしっかり語ってください。

💡 発想のポイント

mince には「〜を細かく切る、刻む、ミンチにする」という意味もありますが、not mince one's words で「遠慮せずにはっきり言う」ことを表します。命令形にすると「はっきり言え➡奥歯にものの挟まった言い方をするな」というニュアンスを出せます。

🎵 15 秒音声トレ !

Don't mince your words. Please tell us what you really think.

この子がお手数をおかけします：

He/She will be a lot of work.

I hate to say this, but I'm sure he'll be a lot of work for you.

（先生などに）申し上げにくいのですが、この子がお手数をおかけするかと思います。

💡 発想のポイント

人だけでなくペットについても使える表現です。I know she'll be a lot of work and cost a lot, but she's already so worth it. (この子には手間もお金もかかるが、そうするだけの価値がある)のように言うことも可能です。

🎵 15 秒音声トレ !

I hate to say this, but I'm sure he'll be a lot of work for you.

1 最悪じゃん！ I hate it.
2 めっちゃいいね！ I love it.
3 いいねぇ！ I like it.
4 いい場所ですね。 I like it here.
5 わかるでしょ？ You know it.
6 やりがいがある。 It's worth it.
7 責任を取ってね。 Pay for it.
8 まさにこれ！ This is it.
9 現実を見てね。 Face it.
10 結果を出してよ。 Prove it.
11 気にしないで。 Forget it.
12 リスクを取りなさい。 Risk it.
13 何とかしてよ。 Manage it.
14 恩にきるよ。 I appreciate it.
15 （話を）ぶっちゃけてよ。 Tell it (to me straight).

INDEX

この索引には本書で取り上げた約1,000表現があいうえお順に掲載されています。数字はページ番号を表しています。黒い数字は見出し語として収録され、グレーの数字はその表現が解説中に登場することを表しています。

し

み

む

め

も

著者紹介

横山カズ Kaz Yokoyama

同時通訳者（JAL／日本航空ほか）、翻訳家、映像・字幕翻訳者、iU（情報経営イノベーション専門職大学）客員教授。角川ドワンゴ学園・N高校/S高校英語講師。株式会社 FLuentMind 顧問（英語コーチングほか）。関西外国語大学外国語学部スペイン語学科卒。20 代半ばから日本国内で英語を独学。武道・格闘技経験を活かし、外国人向けのナイトクラブのバウンサー（用心棒）の職を経た後に企業内通訳者として通訳キャリアをスタートし、多数の大手企業で通訳を担当する。以来、同時通訳者として、米国メリーランド州環境庁、IATA（国際航空運送協会）、AAPA（アジア太平洋航空協会）、元アメリカ陸軍工兵隊最高幹部ジェームズ・F・ジョンソン博士および元アメリカ開墾局研究者デビッド・L・ウェグナー氏の通訳担当、生物多様性条約第 10 回締約国会議（COP10）関連シンポジウム等における通訳を歴任し、現在に至る。

英語講師として、楽天株式会社、日経ビジネススクール、JAL グループ、学びエイドほか多数。三重県海星中学校・高等学校英語科特別顧問、武蔵野学院大学・国際コミュニケーション学部元実務家教員、パワー音読（POD）® 開発者。

著書は、岩波書店、NHK 出版、Gakken、アルク、桐原書店ほか 28 冊。NHK テキスト『英会話タイムトライアル』連載、英語学習紙『The Japan Times Alpha』連載など執筆多数。

英検® 1 級、英語発音テスト EPT100（満点：指導者レベル）、国際英語発音協会認定・英語発音指導士®、ICEE（国際コミュニケーション英語検定）トーナメント総合優勝（2 回）。

X（旧 Twitter）：@ KAZ_TheNatural

協力：水谷理楽

日本語のように話せる キレッキレ英語

2023 年 9 月 20 日　初版発行
2024 年 4 月 20 日　第 4 刷発行

著　者　　横山カズ　©Kaz Yokoyama, 2023
発行者　　伊藤 秀樹
発行所　　株式会社 ジャパンタイムズ出版
　　　　　〒 102-0082 東京都千代田区一番町 2-2 一番町第二 TG ビル 2F
　　　　　ウェブサイト　https://jtpublishing.co.jp/
印刷所　　株式会社 光邦

ISBN978-4-7890- 1867-8　Printed in Japan

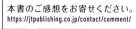
本書のご感想をお寄せください。
https://jtpublishing.co.jp/contact/comment/